MEXIKO

Zwischen Mexiko City und Yukatán

Wolfgang Abel

Oase

Oase Verlag
Postfach 344
D-7847 Badenweiler
Tel: 07632-7460
Fax: 07632-5098

Fotos: S: 26/27; 64/65; 68/69; 96/97; 154/155: Barbara Klemm. Titel - an der Karibikküste südl. Tulum und alle anderen: Archiv Oase.
Karten: Franz Letsch
Herstellung: Rombach GmbH, Freiburg.

ISBN 3-88922-037-1

Inhalt

Voraus 8

Mexiko von A - Z 10

Anreise 11
Apotheken 12
Auskunft im Land 13
Auto 14
Mietwagen 16
Bank 18
Botschaften Konsulate 20
Camping 22
Diebstahl 22
Einreise 23
Einkaufen 27
Elektro 29
Essen 29
Feste 31
Foto 31
Gesundheit 32
Gringo 34
Gringo Trail 34
Hochsaison 36
Hotel 38
Klima 40
Land und Leute 43
Mordida 46
Museum 48
Muße 48
Polizei 49
Preise 50
Reconfirmation 50
Sprache 51
Taxi 51
Telefon 52
Der böse Yankee 54
Verkehr 57
Wirtschaft 61
Zeit 63
Zeitung 63
Zocalo 65
Zoll 66

Mexiko City 69
Erste Orientierung 70
Hotels 71
Essen 76
Sehenswert 77
Verbindungen 83
Adressen 86
Umgebung 89
Teotihuacán 89
Tula 90
Toluca 91
Colula, Puebla 92
Vulkane 93

Über Morelia zum Pazifik 99
Pátzcuaro 99
Caleta de Campos 101
Barra de Navidad 102

Oaxaca 103
Sehenswertes 103
Unterkunft 105
Verbindungen 109
Umgebung 112
Monte Alban Mitla 113

Von Mexiko City zum Pazifik 115
Taxco 115

Pazifikküste 116
Acapulco 116
Zihuatanejo 118
Puerto Escondido 122
Puerto Angel 125

Villahermosa 128

Sehenswert 130
Unterkunft 131
Verbindungen 132
Abstecher Veracruz 134

Palenque 135

Unterkunft 137
Palenque Ruinen 141
Agua Azul 140
Verbindungen Palenque 142

Tuxtla Gutiérrez 145

Unterkunft 146
Verbindungen 146
Cañon Sumidero 147

San Cristóbal de las Casas 148

Unterkunft 150
Umgebung 153
Chamula 153
Tenajapa 155
Verbindungen 156
Lagunas de Montebello 157
Comitán 158
Bonampak 159
Yaxchilán 160
Nach Tapachula 162

Halbinsel Yukatán 164
Campeche 166
Mérida 168
Unterkunft 171
Sehenswert 169
Verbindungen 174
Umgebung 176
Uxmal 178
Cenotes-Tour 180
Chichén Itza 184

Karibikküste 189
Isla Mujeres 290
Puerto Juárez 198
Cancún 199
Playa del Carmen 202
Cozumel 204
Tulum 207
Coba 209
Chetumal 212
Laguna de Bacalar 214
Ausflüge auf der Mex-186 215

Literatur 217

Ortsverzeichnis 220

Für gringos entbehrlich!

1980 fing es mit einer 50 Seiten-Broschüre an. Ich habe auf meiner ersten Mexiko- und Mittelamerikareise alles notiert, was in den üblichen Reiseführern nicht zu finden war, im Reisealltag aber oft entscheidend wichtig ist: Wo schläft und ißt man gut, welcher Bus fährt wie oft wohin, welches Ziel lohnt einen Umweg, wo regieren Nepp und Yankee-Kultur.

Innerhalb von 8 Jahren kam es zu acht immer umfangreicheren Auflagen des Bandes *Mexiko-Ost - Guatemala - Belize*. Von Jahr zu Jahr haben Freunde, Benutzer und engagierte Kritiker mit Tips und neuen Anregungen mitgeholfen, die Infos möglichst aktuell und sachdienlich zu halten. Nur durch die Mitarbeit dieser Leser konnten die vielen Neuauflagen entstehen und den nachfolgenden Reisenden weiterhelfen.

Mit diesem Band liegt nun erstmals ein *separater* Führer über die attraktiven Ziele in Zentral- und Ostmexiko vor. (Ein eigener Guatemala-Belize Führer erschien ebenfalls im Frühjahr '90 im Oase Verlag). Die Teilung in zwei Bände war angebracht, weil sich immer mehr Reisende ausschließlich für eine Ostmexiko-Rundreise entscheiden und auf Abstecher nach Guatemala und Belize ganz verzichten (denn beide Ziele sind landschaftlich und kulturell so mannigfaltig, daß sie allemal eine eigene Reise lohnen). Durch die Trennung in Teilbände und durch die Beschränkung auf praktische Reiseinformationen in konzentrierter Form soll ein handlicher, übersichtlicher Ratgeber entstehen, der schon bei der Planung zuhause hilft und unterwegs die ersten Schritte in fremder Umgebung erleichtert und Ärger erspart - nicht mehr und nicht weniger!

Wenn Sie vor Ort Neuigkeiten und Veränderungen feststellen - was in einem Land wie Mexiko ja sicher ist - schreiben Sie bitte an den Verlag! Dieses Buch - das im deutschen Sprachraum in dieser Art wohl einzig ist - konnte nur durch Mitarbeit von mehreren hundert Lesern so konzentriert und aktuell entstehen. Mit Ihrer Mitarbeit helfen Sie den Reisenden, die nach Ihnen unterwegs sind.

Was dieses Buch n i c h t ist:

- ein Lexikon, das alle lohnenden Ziele in Zentral- und Ostmexiko auflistet. Sie finden hier eine subjektive Auswahl, die mir und einigen anderen für die erste (vielleicht auch zweite) Reise besonders lohnend erschien.

- eine Formelsammlung, in der alle Angaben absolut zuverlässig sind. Hier wird über ein lateinamerikanisches Land informiert, dessen Gesellschaft und Infrastruktur im raschen Wandel sind. Natürlich habe ich mir alle Mühe gegeben, aber wer beim Reisen Wert auf preussische Tugenden legt, ist in Lateinamerika ohnehin am falschen Ort.

- diese praktischen Reisetips können und wollen einen Kulturreiseführer nicht ersetzen. Ebensowenig ersetzen sie die Auseinandersetzung mit der aktuellen Situation im Lande, mit den vielen interessanten Fragen der Alltagskultur, etc. Auf das übliche kulturgeschichtliche Feigenblatt-Kapitel habe ich bewußt verzichtet, und stattdessen versucht, ein paar Schlaglichter aus dem Reisealltag zu geben, die zu weiterer Lektüre anregen sollen. Nochmals: Es geht hier um praktische Reisehilfen: Möglichst konzentriert, präzise, nützlich. Basta.

Viel Spaß beim Lesen und Reisen, gesunde Heimkehr!

Badenweiler im Frühjahr '90

Mexico von A-Z

Auf den folgenden Seiten finden Sie in alphabetischer Reihenfolge allgemeine Reiseinformationen und Impressionen aus der Alltagskultur, die auf jeden Fall zuerst gelesen werden sollten, weil sie auch für das Verständnis der späteren Ortskapitel wichtig sind. Besonders Informationen, die für den Individualreisenden wichtig sind, wurden berücksichtigt. Wem die Zusammenstellung etwas regellos erscheint, der sei daran erinnert, daß der mittelamerikanische Reisealltag stets für Überraschungen und etwas Chaos gut ist. Soweit sind die folgenden Seiten auch ein kleiner Spiegel der Reiserealität.

Weitere Informationen über Geographie, Brauchtum, Kunst- und Kulturgeschichte u.ä. würden den Rahmen dieser praktischen Tipsammlung sprengen. Literaturhinweise zu diesen Gebieten finden Sie im und am Ende dieses Buches.

Anreise

F l u g z e u g : Das Angebot an Charter- und Billigflügen, sowie an verbilligten Linienflügen wurde während der letzten Jahre immer unübersichtlicher, Preisvergleiche lohnen also auf jeden Fall. Adressen von Billiganbietern findet man im Anzeigenteil der Reiseseiten von Tageszeitungen und in Reisemagazinen, aber auch die meisten Reisebüros - besonders die auf studentisches Publikum spezialisierten - haben viele Billigangebote.

Zunehmend bieten jetzt auch Linienfluggesellschaften Sondertarife an, die jedoch an bestimmte Voraussetzungen gebunden sind. Diese Sondertarife liegen oft nur unwesentlich über den Billigflugangeboten, bieten aber den Vorteil, mit einer renommierten Gesellschaft zu reisen, was oft besseren Service, kürzere Wartezeiten etc., flexiblere Buchung (oft noch mit offenen Rückflugterminen) bedeutet. Unbedingt also auch bei Liniengesellschaften bzw. in IATA-Reisebüros, die diese Gesellschaften vertreten, nach ermäßigten Linienflügen fragen.

Viele IATA-Reisebüros werden seit Anf. '90 mit einem elektronischen Reservierungssystem ausgestattet, das in kürzester Zeit Auskunft über Sondertarife und die preiswertesten Flüge **verschiedener** Gesellschaften geben kann, dazu Mietwagentarife, Hotelreservierungen etc. (Das Systen - ein internationaler Pool, dem viele - aber nicht alle Gesellschaften online angeschlossen sind - heißt *Amadeus* und dürfte in den nächsten Jahren gerade den Markt bei Billigflügen gewaltig durcheinanderbringen). Die auf den ersten Blick zumindest heute noch etwas mühsame Fragerei bei verschiedenen Anbietern lohnt sich, anders ist keine Marktübersicht zu bekommen und die Verhältnisse ändern sich laufend.

▪ Als A n r e i s e o r t e für die in diesem Buch vorgestellten Regionen kommen eigentlich nur *Mexiko-City, Acapulco, Mérida* (wenig Verbindungen) und *Cancún* (oft günstige Charter, an der Ostküste von Yukatan) in Frage.

Auch folgende Anreisevarianten prüfen: 1. Einreise über Miami. Weiter mit Linienflug diverser Gesellschaften, Transitvisum erforderlich, Zollabfertigung in Miami oft über 2 Stunden!

2. Einreise über Fort Worth/Dallas. 3. Anreise mit Aeromexica oder Iberia (meist via Madrid), bei Aeromexico erhalten Reisende, die mit Aeromexiko einreisen, zeitweise erhebliche Nachlässe auf Inlandflüge (nicht immer gültig, vorher im Büro Paris aktuelle Konditionen erfragen).

Bei allen Abflügen von mexikanischen Flugplätzen ist eine Flughafensteuer fällig (internationale Destinationen ca. 10 US $).

Schiffsanreise: Für Leute mit sehr viel Zeit und noch mehr Geld natürlich eine reizvolle Möglichkeit, aber die absolute Ausnahme. Diverse Frachtschiffe verkehren zwischen Antwerpen und Veracruz und laufen auf der Passage verschiedene Karibikhäfen an. Frachter nehmen höchstens 12 Passagiere mit, lange Vorausbuchung erforderlich. Auskunft über Passagen in Reisebüros oder bei: Seetours International, Weißfrauenstr. 3, 6000 Frankfurt, Tel. 069/280911.

Apotheken

Apotheken *Farmacia* mit reichhaltigem Sortiment gibt es in allen größeren Orten, oft auch als Abteilung eines Supermarktes. Medikamente werden meist ohne Rezept verkauft und sind recht billig. Die Markennamen entsprechen oft den US-amerikanischen Produkten, nur selten den Deutschen.

Wichtiger als eine große Medikamententasche ist aber eine kleine Gesundheitsfiebel für Tropenreisende, es gibt mittlerweile mehrere Titel im einschlägigen Buchhandel (vgl. unten).

Ein in Mexiko sehr gebräuchliches Medikament gegen die verbreiteten Durchfallerkrankungen ist *Lomotil* (wirkt aber nicht ursächlich, sondern stellt nur den Darm ruhig, dies allerdings sehr zuverlässig, ähnlich wie das in der BRD gegen Rezept erhältliche *Imodium*). Lomotil ist von der Firma Searle, es ist rezeptfrei für ca. 3 Mark, auch nachts ohne Mehrpreis, erhältlich. Gegen Mücken wird oft *Andantol* Salbe verkauft, gegen Zecken *Fito-Chlor*.

▪ Ärzte: Die Adressen von deutsch- und englischsprechenden Ärzten erhält man bei der deutschen Botschaft und bei den Konsulaten im Land (Adressen s. Stichwort 'Botschaften'). Auch große Hotels vermitteln Ärzte. Im Falle einer Behandlung sollte man sich die Art der Leistung, deren Kosten und das Datum quittieren lassen, das erleichtert die Erstattung durch die Kassen zuhause (vgl. auch Stichwort 'Gesundheit').

Auskunft im Land - Turismo

Die staatlichen Auskunftsstellen für Touristen heißen *Secretaria de Turismo*, sie sind gekennzeichnet durch die Schilder *Tourist Information* oder *Turismo*, im Ortstext unter **i**. Solche Büros gibt es praktisch in jeder für Touristen wichtigen Stadt, oft an zentralen Stellen. Die Ausstattung der Büros mit Informationsmaterial ist sehr unterschiedlich, die Kompetenz der Leute ebenfalls, ein Besuch lohnt aber in den allermeisten Fällen. Die Angestellten sprechen oft leidlich englisch. Häufig erhält man gute Stadtpläne, Auskunft über Verkehrsverbindungen, Ausflüge in die Umgebung, etc. Die Büros der Großstädte arbeiten natürlich professioneller als die kleiner Orte - mit der Ausnahme vielleicht vom Büro in Mexiko-City, wo es oft nur dürftiges Material gibt. An Sonntagen und über die Mittagszeit sind die meisten Turismos (wie Behörden und Büros auch) meist geschlossen. Die Adressen bei den einzelnen Orten.

Das staatliche *Mexikanische Fremdenverkehrsamt* in Deutschland versendet unterschiedlich aktuelle Prospekte und Preislisten (u.a. über Inlandflüge, Busverbindungen, Hotelpreise; auch für Österreich zuständig) und das übliche PR-Material. Möglichst gezielt anfragen bzw. anrufen:

Mexikanisches Verkehrsamt
Wiesenhüttenplatz 26
6000 Frankfurt
Tel: 069-253413, 253541
FAX: 253755

Rue de Saint Juan 73
CH-1201 Genf
Tel: 022-329619

Auto

In Mexiko gibt es keine Haftpflichtversicherung. Wer aus den USA mit dem eigenen Auto oder Mietwagen einreist, sollte eine Zusatzversicherung abschließen. An den großen Grenzübergängen gibt es entsprechende Agenturen (z.B. die mex. Agenturen von Sanborn's). Auskunft auch bei den Automobilclubs (u.a. beim ADAC, der ein informatives Paket mit Basisinfos für Autotouristen in USA/Mittelamerika versendet).

Auf dem freien Land fährt es sich in Mexiko herrlich. Weite, gut ausgebaute, oft schnurgerade Straßen ermöglichen rasches, freudvolles Vorankommen. Nebenstraßen und Gebirgsstrecken sind dagegen meist recht mühsam zu befahren, besonders zur Regenzeit, man muß dann ständig mit Überraschungen rechnen. Entsprechend den Landessitten sind dem Talent des Fahrers fast keine Grenzen gesetzt.

Von Nachtfahrten ist eigentlich prinzipiell abzuraten, weil viele Fahrzeuge schlecht oder gar nicht beleuchtet sind, außerdem sieht man nichts von der Landschaft. Fußgänger haben oft kein realistisches Einschätzungsvermögen für Geschwindigkeiten und Entfernungen. Das gilt auch bei Fragen nach dem Weg - oft erhält man auch eine vermeintlich freundliche Antwort, d.h. es wird erzählt, das Ziel liege gerade um die Ecke. Zum Verhalten bei Polizeikontrollen siehe weiter unten. Besonders gegenüber LKW und Bussen bleibt oft nichts als eine ausgesprochen defensive Fahrweise! Fazit: Der individuellen Geschicklichkeit des Fahren bieten sich ungeahnte Möglichkeiten.

▪ Das Tankstellennetz der staatseigenen Gesellschaft *Pemex* = Petroleos Mexicanos, ist außerhalb der Städte nicht sehr dicht, auf Überlandfahrten also immer frühzeitig nachtanken. Bei großen Stationen gibt es vereinzelt brauchbare Überland- und Regionalkarten. Die Benzinpreise sind viel günstiger als in Mitteleuropa (aktuellste Auskunft bei den Automobilclubs). Es gibt:

Normal (Nova, 81 Okt., ca. DM 0,40, Ende '89), Super (Extra, 92 Okt., bleifrei!), Diesel. Beim Tanken immer darauf achten, daß die Zählwerke auf null stehen! Bei der Säule bleiben, Betrugsversuche sind üblich!!

Fahrpraxis: Der Verkehr in den Großstädten, ganz besonders in Mexiko-City, ist eine einzige Nervenprobe, Autofahren wird in den Großstädten oft zur Qual. Verkehrsregeln werden unsystematisch ignoriert und auch befolgt, erst mit der Zeit gewöhnt man sich an die eigenwillige Auslegung der Situation. Meinungsverschiedenheiten mit der chronisch unterbezahlten Polizei können oft durch ein kleines Trinkgeld aplaniert werden. Polizeiliche Haltezeichen aber unbedingt (!!!) befolgen. Wer auf Überlandfahrten grundlos von Polizeistreifen angehalten wird, die dann manchmal eine Art Lösegeld fordern, sollte sich ruhig aber standhaft weigern - verbunden mit dem Wunsch, einen Botschaftsangehörigen zu sprechen. Bei Falschparkern werden in manchen Städten die Nummernschilder abgeschraubt, dem kann man zuvorkommen und die Schilder hinter die Windschutzscheibe legen.

▪ Der mex. Automobilclub *Asociacion Mexicana Automovilista*, Hauptstelle in Mexico-City, Av. Chapultepec 276, erteilt Auskünfte über den Straßenzustand, er hält Karten bereit, und man kann für eine Mindestzeit von 3 Monaten Mitglied werden.

Karten: Gute Autokarten findet man in Mexiko nicht ganz einfach (manchmal in den großen Tankstellen), man kann sich ja schon hier versorgen, vgl. dazu Kapitel 'Literatur'. Der ADAC versendet an Mitglieder kostenlos eine Übersichtskarte. Die Karte der *AAA* - American Automobile ASS.- von Mittelamerika und einzelne Detailkarten über Mexiko sind ausgezeichnet (in den USA kostenlos bei den sehr verbreiteten Clubgeschäftsstellen).

Mietwagen

Der Mieter muß mindestens 24 Jahre alt sein, die Verleiher fordern oft ein hohes Depot als Sicherheit, wer eine international anerkannte Kreditkarte hat, kann dies umgehen, eine solche Karte erspart Ärger und Formalitäten. Bei allen großen internationalen Firmen kann man bereits von Deutschland aus einen Wagen reservieren, dies empfiehlt sich aber höchstens in der Hauptsaison, allerdings funktioniert das Voucher-System vor Ort häufig nicht (vgl. weiter unten). Zudem sind die großen Gesellschaften nicht die billigsten. Wer mit einer Linienfluggesellschaft einreist, bucht den Wagen am einfachsten über diese Gesellschaft, das Auto steht dann am Flugplatz bereit (zwar nicht immer in der gewünschten Klasse, aber der Service funktioniert recht verlässlich). Dies liest sich gut, klappt aber nicht immer. Es kommt vor, daß die reservierten Autos nicht da sind, oder statt eines Käfers ein bulliger Kombi dasteht. Oft werden auch noch zusätzlich zum in Europa vereinbarten Preis Steuern, Versicherungen etc. gefordert, da hilft nur hartnäckiges Verhandeln!

Immer wieder berichten Reisende von Problemen beim Einlösen der sog. Voucher (bereits in Deutschland bezahlten Mietwagengutscheine), aus einem Leserbrief: "Das Palaver mit dem Agenten geht wieder los, spricht überhaupt kein Englisch, akzeptiert die Voucher nicht, ebensowenig die Abrechnungen von Mexico City und Oaxaca..."

Eine andere Klage: "Abgesehen vom ärgerlichen Geplänkel beim Mieten und bei der Abgabe, war das unabhängige Reisen per Auto eine helle Freude, - keine Pannen, nur ein Polizeiüberfall, der mittels "Mordida" geregelt werden konnte, . . . wir genossen das wilde Berg- und

Talfahren mit Herz und Seele!"

Na also! Preise und Konditionen sind sehr unterschiedlich, lediglich die internationalen Gesellschaften haben ähnliche Konditionen. Bei großen Gesellschaften ist es meist möglich, den Wagen an einem anderen Ort abzugeben, sog. "rent it here - leave it there".

▪ Zur Einreise mit dem Mietwagen nach Guatemala (bzw. Belize) braucht man aber eine ausdrückliche Genehmigung des Vermieters, es gibt sonst erhebliche Probleme an der Grenze, die bis zur Umkehr führen können. Unbedingt auf korrekte Papiere achten, wenn man dies vorhat - geht am reibungslosesten bei großen Agenturen, die in beiden Ländern vertreten sind (Avis, Hertz, Budget).

▪ Es gibt Reiseunternehmen, die sich neben der Reisevermittlung auch auf die Vermittlung von Mietwagen und Wohnmobilen in Mexiko spezialisiert haben, u.a.:

Global Transport Touristik
Mittelweg 19
6000 Frankfurt
Tel: 069-5970089.

Weitere Adressen über die Automobilclubs

Die V e r k e h r s z e i c h e n sind gut verständlich, Ausnahmen:

E = Estacionamiento (Parkplatz),
Ɇ = Parkverbot
Curva Peligrosa = Gefährliche Kurve
Despacio = Langsam
Desviación = Umleitung
Peligro = Gefahr
No hay paso = Straße gesperrt
Alto = Stop

▪ Rote Pfeile an Hauswänden: Bevorrechtigte Einbahnstraße,

schwarz: nachgeordnete. LKWs blinken oft links (nicht rechts) wenn man überhohlen kann, besser aber man vertraut den eigenen Augen!

Vorsicht: Schilder mit der Aufschrift *Topes* deuten auf Schikanen hin (Betonkugeln oder Betonwälle, oft bis zum Bodenblech), auch "tote Polizisten" genannt . . . Ähnlich schikanös: die *Vibradores*, eine Art Betonwaschbrett. Beide Hindernisse gibt es auch auf Überlandstraßen vor Ortseinfahrten, aber - ganz Mexiko - manchmal gibt es auch Schilder und keine Schikane, manchmal auch umgekehrt!

Autohilfen: Auf den wichtigsten Überlandstrecken verkehren die Hilfswagen des mex. Autoclubs *AMA* zwischen 8 und 21 Uhr. Die grünen Jeeps der *Angeles Verdes* sind mit englischsprechenden Mechanikern besetzt, ein Trinkgeld wirkt - wie so oft - Wunder. Die Hauptniederlassung des AMA in Mexiko-City, Orizaba 7, nahe Chalpultepec-Park, informiert über aktuellen Strassenzustand etc.

Bank

Bestes und sicherstes Reisezahlungsmittel sind Travellerschecks in US-Dollar (beim Einlösen von Traveller-Schecks in deutscher Währung kann es bei kleineren Provinzbanken Probleme geben), kombiniert mit einer Kreditkarte für größere Ausgaben, wie z.B. Flugtikkets oder Mietwagen. Weitverbreitet: VISA und Mastercard (Eurocard), erst danach American Express. Wenig verbreitet: Diners Card. Auf keinen Fall größere Peso-Mengen bereits in Deutschland eintauschen - schlechter Kurs!

Sicherheit: Große Bargeldmengen führen nur Leichtsinnige spazieren. Grundsätzlich gilt: Geld und Ausweispapiere **immer** am Körper tragen, am besten in einem Brustbeutel, den man in die vordere Hosentasche steckt und mit einer Kordel an einer Gürtelschlaufe festbindet - aber jeder hat da sein eigenes Rezept.

Üblich auch: Geldgürtel und Innentaschen an den Hosenbeinen. Besondere Vorsicht vor Dieben ist im Gedränge geboten, auf Flugplätzen, Bahnhöfen, U-Bahn Mexiko-City, Märkten!! Mit ein wenig Vorsicht und Gefühl für gefährliche Situationen kommt man aber gut durch. Die meisten Schauergeschichten über Raub und Diebstahl sind - was Mittelamerika angeht - oft übertrieben. Aber es gibt natürlich schon auch dreiste Diebstahlsversuche wie z. B. die immer wieder vorkommenden offenen - wirklich vor aller Augen - Überfälle in der U-Bahn von Mex.-City, das Aufschlitzen von Taschen in Bussen, Busüberfälle auf Überlandstrecken etc. Mittelamerika ist aber auch nicht riskanter als irgendeine andere Region mit ähnlichen wirtschaftlichen Problemen, mir wurde jedenfalls nie etwas geklaut.

Unterschreiben Sie in Hotels *nie* blanko Kreditkartenabrechnungen, einzelne Häuser versuchen es immer wieder und danach gibt es ein böses Erwachen. Wer in Restaurants mit Kreditkarte bezahlt, sollte die Abrechnung genau prüfen. Kreditkartenkunden gelten nun mal als wohlhabend.

Die Wechselzeiten der Banken liegen von Montag - Freitag, von ca. 10.30 - 13.30 (oft auch nur eine oder zwei Stunden während dieser Zeit - vereinzelt muß man mit erheblichen Wartezeiten beim Geldtausch rechnen, in Großstädten gibt es oft länger geöffnete Wechselstellen), nachmittags werden oft keine Schecks mehr umgetauscht.

▪ Die Wechselstelle auf dem Flugplatz von Mexiko-City ist 24 h geöffnet, nachts aber oft nur noch Bargeldtausch. Immer nützlich: ein paar kleine Dollarnoten für alle Fälle, oft tauschen auch die Rezeptionen großer Hotels (Kurs genau überprüfen).

Wer in Miami zwischenlandet: Der *Foreign Exchange* - Schalter verkauft Pesos, viele US-Banken haben keine Pesos. Außerhalb der Bankzeiten tauschen die Büros der Aeromexiko und der Mexicana oft Schecks zu einem guten Kurs.

Die Filialen der Banco International und der Bananmex tauschen manchmal bis oft (aber nicht immer) auch DM EC-Schecks, vgl. auch Mex.-City, Adressen.

Devisen - Umtausch: Devisenvorschriften existieren für Ausländer derzeit und schon seit Jahren nicht mehr. Die Ein- und Ausfuhr ist frei. Dies kann sich aber ändern, wenn wieder eine Devisenbewirtschaftung eingeführt wird (bei der unstabilen Wirtschaftslage möglich, zuletzt war dies aber zu Anfang und Mitte der 80er Jahre der Fall). Dann entsteht natürlich ein Schwarzmarkt, zuerst im allgemeinen an der mex.-US-amerikanischen Grenze und in großen Städten. Kurse und Intensität des Marktes ändern sich ständig, Traveller vor Ort fragen.

Botschaften/Konsulate

Botschaften

Botschaften vermitteln Ärzteadressen und helfen bei Diebstahl, Rechtsstreitigkeiten. Heimatpost kann mit dem Vermerk "wird abgeholt" an Botschaften und Konsulate geschickt werden.

Botschaft der BRD, Calle Lord Byron 737, Mexico 5, D.F. Tel: 00525-545 66 55/59. Postadresse: AP M-10792. Telegramme: Diplogerma Mexico. Sprechzeit bis 12 Uhr mittags.

Botschaft der Schweiz, Calle Hamburgo 66-4, Mexico 6, D.F. Tel: 533 0735.

Österreichische Botschaft, Campos Eliseos 305, Col. Polanco, Mexico 5, D.F., Tel. 540 3415.

Konsulate

Deutsche: Acapulco, Av. de los Deportes 24, Tel 40130. Chihuahua, Independencia 2205, Tel 25365. Guadalajara, Casa Wagner, Av. Corona 202, Tel 131414. Mazatlan, Jacaranda 10, Tel 22809. Merida, Calle 56, Nr. 506-A, Tel 12177. Monterrey, Landron de Guevara 302, Tel 513737. Tijuana, Ed. del Hotel Caesar, Av. Revolucion y 5a., Tel 55215. Veracruz, Calle Independencia 41, Tel 24484.

Vertretungen in BRD, CH, A:

Mexikanische Botschaft
Konsularabteilung
Adenauerallee 100
5300 Bonn
Tel: 0228-219561

Generalkonsulate in Hamburg und Berlin. Konsulat in Frankfurt. Honorarkonsulate in Bremen, Honnover, München.

Mexikanische Botschaft
Renngasse 4
1010 Wien
Tel: 222-5351776

Mexikanische Botschaft
Bernastr. 57
3005 Bern
Tel: 31-434060

Camping

Camping als Urlaubskultur ist in ganz Mittelamerika bei weitem nicht so stark verbreitet wie etwa in den Mittelmeerländern. In weiten Landesteilen erlauben schon die Klimaverhältnisse kein einigermaßen erholsames Camping, organisierte Plätze mit guten Einrichtungen sind selten. Eine Ausnahme bilden die *Trailer Parks* entlang großer Fernstraßen, die sich auf Wohnmobile, die dazugehörende Infrastruktur und US-amerikanische Besucher eingerichtet haben. Wohnmobile sind - nicht zuletzt wegen dem US-amerikanischen Einfluß - stark verbreitet.

Wohnmobile können bereits in Deutschland reserviert werden, Adressen über die Automobilclubs, bzw. weiter oben unter *Auto*. Risikoreicher ist die Organisation über eine ortsansässige Firma.

▪ Literatur: Campground & Trailer Park Guide, Rand Mc.Nally. New York. Jährlich aktualisiertes Verzeichnis mit Karten u. Infos. In Deutschland um DM 40, in den USA ca. 12 $. Außerdem die ausgezeichneten Info-Broschüren des amerikanischen Automobilclubs AAA, in den USA-Geschäftsstellen meist kostenlos.

Diebstahl Betrügereien Nepp

Vorweg: Mir wurde in Mittelamerika noch nie etwas geklaut. Mir wurden keine Taschen entrissen, keine Reifen aufgeschlitzt und die Kellner haben sich beim Rausgeben auch nicht häufiger verrechnet als in Deutschland. Dennoch: Betrugsversuche sind in Mexiko - wie in vielen lateinamerikanischen Ländern mit großen sozialen Problemen - leider an der Tagesordnung. Manche Leute haben Glück, anderen reist das Pech hinterher. Die Liste der Diebereien, von denen mir Mexiko-Reisende berichten, ist schier endlos: Ein paar Kostproben aus Briefen:

"Im Gedränge am U-Bahnsteig wird in die Hosentaschen gelangt"; ". . . . unentwegte Betrugs- oder Neppversuche"; " . . immer wieder den falschen Mehrwertsteuersatz berechnet." "Ich schlief in meinem Schlafsack und glaubte, es ist schon wieder so ein lästiger Kontrolleur, dann wunderte ich mich, daß alle Leute die Hände in die Höhe halten . . ."

▪ Wichtigste Grundregel: Wertgegenstände immer am Körper tragen. Rucksack, Taschen etc. nie unbeaufsichtigt stehen lassen (besonders auf Bahnhöfen, Busfahrten, Zugfahrten, speziell: Palenque-Merida!!, vgl. dort). Kameras natürlich nicht lose in der Hand baumeln lassen. Wertsachen nur in vertrauenswürdigen Hotels an der Rezeption gegen Quittung abgeben (viele Hotels ab Mittelklasse haben mittlerweile Safes, deren Schlüssel man selbst ziehen kann), keine Wertgegenstände auf dem Hotelzimmer lassen. Man muß mit der Zeit einfach ein Gefühl für potentiell gefährliche Situationen entwickeln, ohne krampfhaft verängstigt zu wirken.

Bei Überfällen oder direkter Bedrohung (auch durch die Polizei) keinen Widerstand leisten! Erfolgreiche Selbstverteidigung in wirklichen Gefahrensituationen erfordert viel Kaltblütigkeit und Brutalität und Glück dazu - alles zusammen hat man meist nicht. Der kluge Reisende versucht, Gefahren von vornherein zu vermeiden - vertrauen Sie Ihrem Gefühl! Wegen der schlechten Versorgungslage sind Eigentumsdelikte einfach üblich, also Vorsicht!

Empfehlenswert ist in jedem Fall eine Reisegepäckversicherung wie sie verschiedene Gesellschaften zusammen mit einer Reisekrankenversicherung anbieten. Bei manchen Kreditkarten ist eine solche Versicherung enthalten. Der Diebstahl sollte von einer Polizeistation bestätigt werden (was wiederum oft nur gegen cash funktioniert), mit Datum. Von wichtigen Dokumenten macht man Kopien, deponiert sie in verschiedenen Gepäckstücken und tauscht die Kopien mit Mitreisenden.

Einreise

Zur Einreise in Mexiko ist ein gültiger Reisepass erforderlich. Die ebenfalls notwendige Touristenkarte erhält man von den Konsulaten einfacher aber direkt vom Reisebüro, das einem den Flug verkauft hat, bzw. auch noch direkt bei der Einreise auf dem

Flugplatz. Es gibt Versionen für 30 oder 60 Tage und 90 Tage Aufenthalt, sowie Verlängerungen davon. Das Formular wird bei der Einreise abgestempelt, das Original einbehalten, die Kopie muß bei der Ausreise vorgelegt werden. Eine abgelaufene Touristenkarte kostet bei der Ausreise Strafe!

Wer von Guatemala nach Mexiko einreist, erhält die Karte in den mex. Konsulaten im Land, praktisch immer und einfacher aber auch noch an der Grenze.

Weiterreise nach Guatemala, bzw. Belize

Es gibt derzeit folgende Einreisemöglichkeiten:

▪ Per B u s nach Guatemala: Grenze bei La Mesilla - Ciudad Cuauhtemoc (keine Stadt) problemlos, Geldwechsler an der Grenze. Recht gute Busanbindung nach Huehuetenango oder zu andern Städten im Hochland (Quezaltenango).

Tapachula Mexiko - Grenze Talisman - El Carmen meist etwas langwieriger, aber trotzdem recht zügig.

Einreise über Palenque/La Palma (Mexiko) - dann Kleinbootfahrt auf dem Rio San Pedro bis El Naranja/Guatemala und mit dem Bus weiter bis Flores. Die mühevollste Art der Landeinreise, für etwas abenteuerlich Eingestellte aber lohnend, vgl. unter Palenque.

Mit dem F l u g z e u g : Neben dem Flug von Mex.-City ist nun auch die Einreise von Cancun aus möglich, vgl. dort, Verkehr.

▪ Nach B e l i z e über Chetumal/Mexiko: Eine beliebte Variante auf dem *gringo trail* (vgl. dort) über Merida - Isla Mujeres - Chetumal - Belize City - Tikal/Flores (Guatemala). Nachdem der Grenzübergang Belize - Guatemala wieder problemlos ist, darf nun wieder getrampelt werden.

Mehrmals täglich Bus von Chetumal über Belize City nach Flores und umgekehrt (bei reibungslosem Ablauf kommt man in einem

Tag durch Belize, bis auf eine Ausnahme aber nicht durchgehend, es verkehrt nur ein kleiner Expressbus von Flores nach Chetumal und zurück). Visa sind zur Zeit an der Grenze zu bekommen. Aktuelle Details vgl. Chetumal.

Bei optimalem Timing ist der Transit durch Belize auch mit umsteigen in Belize City an einem Tag zu schaffen. Aufenthalt in Belize lohnt sich aber für alle Leute, die etwas improvisieren können.

Boots - passage entlang der Karibikküste von Punta Gorda in Belize nach Livingstone/Puerto Barrios in Guatemala, nur 2 x wöchentl., eher etwas für Erfahrene, Bus nach Barrios ab Belize City. (Fähre derzeit Anf. '90 nur noch nach Barrios, kein Halt mehr in Livingstone, nicht sicher, nachchecken).

Zur Weiterreise über Belize nach Guatemala erhält man das erforderliche *Belize Visum* nun meist ohne Probleme noch direkt an der Grenze (so daß das umständliche und teure Beantragen des Visums bei den britischen Konsulaten, bzw. bei der Belize Botschaft in Mex.-City entfällt.)

Einkaufen auf Märkten

Günstiges Einkaufen auf Märkten ist in Mexiko und Mittelamerika weitgehend abhängig vom Verhandlungsgeschick - und das kann man nicht lernen. Tip: Gegen Ende einer Tour handelt man routinierter als am Anfang. Märkte in der Provinz sind billiger als die in Zentren und Touristengebieten. Märkte bei archäologischen Zonen kann man getrost vergessen. Amerikaner, *gringos*, werden am zahlungskräftigsten taxiert und zunächst einmal sind alle Weißen gringos. Allzu große Bedeutung hat das Handeln aber nicht mehr, in den Städten gelten, mit Ausnahme von Märkten, Festpreise. Ausnahmen, beispielsweise in Hotels und kleinen Mietwagenfirmen, gibt es natürlich immer, aber dafür muß man ein Gefühl haben.

Händler spüren meist genau, was einem etwas wert ist, dadurch wird der Handel doch recht einseitig. Dennoch läßt sich auf Märkten, gemessen an unseren Verhältnissen, recht günstig einkaufen. Hartnäckiges Handeln erscheint mir angesichts der wirtschaftlichen Situation in Mexiko eher deplaziert. Sicher, es soll kein Geld verschleudert werden, kurioserweise trifft man auf Märkten aber immer wieder Touristen, die zuhause über die herbe Marktwirtschaft fluchen, aber den heimischen Verhältnisse einmal entronnen, zu den findigsten Kapitalisten werden. Da werden dann Billigtips gehandelt, als ginge es darum, einen neuen Supermarkt zu bestücken. Die Freuden des Marktes sind plötzlich nicht mehr verpönt, spießiger Kleinkapitalismus gefragt.

Auch sollte man sich darüber im Klaren sein, daß das massenhafte Kaufen von bestimmten, traditionellen Indio-Gütern wie z.B. Trachten dazu führt, daß die alten Techniken zwar noch weiter angewandt werden, wie z.B. bei den Webarbeiten und daß traditio-

die Solidarität
der Großstadtindianer

nelle Arbeitsplätze - das heißt allerdings meist auch billige Arbeitsplätze - erhalten werden. Aber zugleich steigen die Preise für diese Artikel oft unkontrolliert. So können sich manche Indios die handgefertigten Artikel kaum mehr leisten, weil einige europäische Großstadtindianer meinten, sie könnten ihre Solidarität mit Minderheiten durch den Kauf von Handarbeiten beweisen. Den Einheimischen bleiben billige Kunstfaserhemden und die sind auf die westliche, von der Werbung gepriesene Kleidung auch stolz, während einige Trotter ihre alternative Beute auf europäischen Boulevards zur Schau stellten. Dies nur zur Sensibilisierung eines problematischen Themas, das allerdings noch viele andere Facetten hat und für das es keine Pauschallösung gibt.

▪ Sogenannte antike Stücke, wie sie oft im Bereich der Ausgrabungsstätten angeboten werden, sind garantiert Fälschungen, schon weil jeder Handel und natürlich auch die Ausfuhr von archäologischen Gegenständen verboten ist.

Der Marktbesuch lohnt am allermeisten *morgens* zwischen 8 und 10 Uhr, oft früher, nur Touristen- und Stadtmärkte sind auch tagsüber lebendig.

▪ G e s c h ä f t s z e i t e n wie bei uns gibt es in Mexiko nicht, kleine Läden auf dem Land haben manchmal auch Sonntags geöffnet, in Mexiko-City haben die Läden einiger Restaurants und die Läden der *Sunborn's-Kette* auch Sonntags geöffnet.

Elektro

Die Steckdosen sind für Flachstecker ausgelegt. Die Spannung beträgt in Mexiko oft 110 V, nur manchmal 220 V. Flachstecker erforderlich, (Guatemala meist nur 110 Volt).

Essen

Die mexikanische Küche ist äußerst abwechslungsreich und schmackhaft - das ist kein fades Reiseführerlob! Exotische Früchte, Fische und Schalentiere und schmackhaft zubereitetes Fleisch. Auch die Auswahl ist groß, und die Speisen sind fast immer recht preiswert. Mittelamerika ist also die richtige Region für Leute, die auch unterwegs gern gut und üppig essen. Legendär sind besonders die üppigen Frühstücksgelage, üblicherweise mit Eierspeisen, gebratenem Fleisch und Früchten, die gerade unter Mexikanern sehr beliebt sind.

Am Anfang der Reise sollte man aber zunächst zurückhaltend gegenüber einfachen Restaurants und Tacobuden sein, der Körper muß sich erst an die neuen Verhältnisse gewöhnen. Immer noch gilt: **NIE** Leitungswasser trinken (obwohl in Mexiko das Trinkwassersystem sehr verbessert wurde, Ausnahme: Mexiko-City wo die Wasserqualität immer bedenklicher wird). Vorsicht auch bei ungeschältem Obst. Rohes, Milchprodukte und Salate nur in vertrauenswürdigen Häusern essen. Natürlich lassen sich nicht alle Keimquellen ausschalten, aber auch hier gilt die bewährte Praktikerregel: Erst die Menge macht das Gift.

Bedenken Sie, daß Ihr Körper durch die ungewohnte Umgebung (Höhenlage) ohnehin stark gefordert ist, ungewohnte Nahrung bringt noch eine zusätzliche Belastung. In den empfohlenen Restaurants werden Sie kaum Probleme haben, sie sind, wie Weitgereiste so schön sagen, *safe*.

▪ Die Essenszeiten liegen etwas später als gewohnt: Frühstück *desayuno* zwischen 8 und 11 Uhr, meist überaus reichhaltig mit Eiern, Steaks, Obst.

Das Mittagesssen *Comida* oder *Almuerzo* ist zwischen 13 und 15 Uhr, viele Restaurants bieten ein preiswertes Tagesgericht, die *Comida Corrida* an, das - weil frisch und gängig - oft die beste Wahl ist.

Das Abendessen *Cena* ist die Hauptmahlzeit des Tages und wird oft richtiggehend zelebriert, ab 19 bis 23 Uhr.

▪ Getränke: Kein Leitungswasser trinken. Bessere Hotels stellen für Gäste Karaffen oder versiegelte Flaschen mit Trinkwasser auf das Zimmer sog. *agua purifcada*, das getrunken werden kann. Zur Aufbereitung von Leitungswasser gibt es unterschiedliche Methoden: Tabletten (Micropur), Filtersysteme (Sachs Filtron, Katadyn); über das Brauchbarste streiten sich die Weltenbummler seit Jahren. Notwendig nur bei Touren in sehr abgelegene Regionen, genauere Informationen in Globetrotterläden.

Erfrischungsgetränke gibt es in gewohnter Auswahl, manchmal hängt noch an der verlassensten Hütte ein Pepsi- oder Coke Schild. Bier ist preiswert und gut. Die Weine sind von unterschiedlicher Qualität, oft mäßig, schwer, säurearm und leider sehr oft zu teuer. Die trockenen Weine aus der herrlichen Baja California zählen wohl zu den besten Amerikas, was für europäische Kenner allerdings nicht allzuviel zu bedeuten hat.

Feste

Fiestas sind ein gewachsener Teil im kulturellen Leben von Lateinamerika. Die Kunst des Feierns ist vielerorts noch ungebrochen. Ausgelassen sein, vergessen, für wenige Stunden die sonst so unüberwindlichen sozialen Barrieren überschreiten und mißachten. Endlich befreit vom schweren, trägen Irdischen - ein wenig näher den Göttern. So werden Feste zum kurzen, taumelnden Glück, deren Intensität undenkbar wäre ohne die Not und Mühsal des Alltags. Auch diese - letztlich aus dem Elend geborene - Kraft sollten Bewunderer der lateinamerikanischer Vitalität im Auge behalten. Ekstase und Hingabe sind Privilegien der Rechtlosen.

Noch interessanter als die großen, nationalen und regionalen Feiern sind die kleinen Anlässe, die Nischen, die der Alltag bietet und die so bewundernswert virtuos genutzt werden, ein weites Feld für sensible Reisende.

▪ Nationale Feiertage: 1.Jan., Umzüge. 5.Febr., Nationalfeiertag, Gedenken an die Verfassung von 1857 und 1917. 21. März, Geburtstag des legendären Benito Juarez. Gründonnerstag, Karfreitag und Ostern. 1.Mai (alle Büros und Museen geschl.!), 5.Mai. 1.Sept., Unabhängigkeitstag - großes Trara, auch am Abend zuvor. 12. Okt., Entdeckung Amerikas. 20.Nov., Revolutionstag 25.Dez.

Foto

Fotomaterial ist in Mexiko wesentlich teurer, am verbreitesten sind Kodak-Artikel. Dia-Filme werden ohne Entwicklung verkauft. (Die Filmpreise in Guatemala sind nochmals mehr als doppelt so hoch wie in Mexiko. Einfuhr von 12 Filmen erlaubt!). Bei den oft extremen Lichtverhältnissen sind Skylight- und Polfilter für gute Resultate praktisch unerlässlich.

▪ Zurückhaltendes Verhalten und im Zweifel eine Frage, zumindest eine fragende Geste, sollten beim Fotografieren von Personen selbstverständlich sein. In einigen Gebieten mit hoher Indio-Bevölkerung ist regelrechte Abneigung und Feindseligkeit gegenüber Fotografen zu beobachten, die mir sehr verständlich erscheint. Wie würden Sie reagieren, wenn fremd aussehende Riesen Ihr Auto betatschen oder und mal kurz durch ihren Garten pirschen würden, um Sie beim Biertrinken und Würstelgrillen zu knipsen?

Gesundheit

Nur wer unterwegs auf seine Gesundheit achtet, bleibt aufnahmefähig und hat etwas von der Reise. Dies klingt natürlich banal, wird aber immer wieder übersehen. Oft konnte ich beobachten, wie sich manche Reisende schon in den ersten Tagen in eine Reisehektik stürzen - nach langer Flugreise und der Zeitverschiebung! Wer unter den ungewohnten Verhältnissen (Höhenlage/Klima) Sehenswürdigkeiten im Eiltempo abhakt, braucht sich nicht zu wundern, wenn der Körper einfach einmal streikt. Geruhsamer Beginn und umsichtige Planung sind gerade in tropischen Ländern die beste Gesundheitsvorsorge, dazu noch eine kleine Gesundheitsfibel, vgl. unten.

Turista heißt bezeichnenderweise die häufigste Erkrankung bei Mittelamerikatouristen (in Regionen mit schlechten hygienischen Verhältnissen haben aber auch viele Einheimische ständig ähnliche Beschwerden): Magen- und Darmschmerzen, Durchfall, oft mit hohem Flüssigkeitsverlust. Bei vorsichtiger Ernährung - immer noch die allerwichtigste Grundregel: nie zweifelhaftes Leitungswasser trinken - kann man sich vor der Turista ohne weiteres schützen, wenn es einen doch erwischt hat: Wirksam gegen Durchfall (aber nicht ursächlich, es legt den Darm nur still) ist das Medikament Imodium (Firma Janssen, rezeptpflichtig). In Mexiko und Guatemala wird gegen die Turista vor allem das ähnlich wie Imodium wirkende *Lomotil* rezeptfrei verkauft. Beide Mittel stellen den Darm aber nur ruhig, wirken also rein symptomatisch, nur als Nothilfe bei starkem Durchfall anwenden. Volksmittel: eine Wassermelone mit den zerkauten Kernen essen. Dies ist auch sinnvoll wegen dem hohen Flüssigkeitsverlust bei Durchfallerkrankungen, der dringend ausgeglichen werden muß.

Kopfweh ist in tropischen Regionen oft nur ein Zeichen für Salz- und Flüssigkeitsmangel.

▪ Empfohlen: Malariaprophylaxe (nach wie vor ist die Resochinpropylaxe (od. Fansidar) unerlässlich) zwingend in den tropischen Regionen: von Chiapas, Yukatan, Quintana Roo und in Belize, Peten, Küstengebiete. Malariafälle nehmen wieder zu!)

Hepatitisprophylaxe/Typhus-Paratyphusimpfung in tropischen Regionen, Gelbfieberimpfung (nicht Pflicht). Impfplan und Malariamedikament mit erfahrenem Arzt/bzw. Apotheker besprechen.

Kleine Reiseapotheke zuhause zusammenstellen, wichtiger als alle Pillen ist aber eingehende Information über richtiges Verhalten in tropischen Ländern. Es gibt mittlerweile diverse Literatur über Gesundheitsvorsorge und Laienmedizin bei Reisen in die Dritte Welt. Ich finde unter vielen anderen folgende Broschüren nützlich:

Tropenkrankheiten. Brigitte Geh, Dr. Sommerfeldt. Peter Rump Verlag, Bielefeld. Oder: *Gesund Reisen*, von Dr. Ritter, C. Stein Verlag, Kiel. In jeder größeren Reisebuchabteilung.

Sehr wichtig ist auch ein Sprachführer mit den wichtigsten Redewendungen, in den kleinen Hospitälern spricht oft niemand englisch. Jeder größere Ort hat ein staatliches *Centro de Salud* hier wird man gegen geringste Gebühr - natürlich unterschiedlich kompetent, aber meist freundlich - behandelt.

Gringo

Gringo ist die gar nicht liebevoll gemeinte Bezeichnung für Nordamerikaner. Das Verhältnis vieler Mittelamerikaner, nicht nur der Mexikaner, zum großen, übermächtigen Nachbarn im Norden ist kompliziert und problemgeladen, seit die Vereinigten Staaten nach dem Krieg von 1846/47 ein Drittel des mexikanischen Staatsgebietes annektierten (Texas, Kalifornien, Arizona, New Mexiko). Die Schmach der Niederlage von damals und das imperiale Gehabe von heute findet noch heute seine Gegenwehr in dem oft unfreundlichen und distanzierten Verhältnis Nordamerikanern gegenüber, die zudem nicht selten eine besondere Begabung haben, sich anmaßend und töricht in Szene zu setzen.

Als Tourist sind Sie auch als Europäer zunächst einmal ein Gringo - bis das Gegenteil bewiesen ist - man sollte also offen seine Nationalität zu erkennen geben, gerade weil Mexikaner Mitteleuropäern gegenüber oft viel freundlicher eingestellt sind.

Dennoch ist von der vielgerühmten Gastfreundschaft der Mexikaner gerade in den letzten Jahren einiges abhanden gekommen, bzw. zur Schlitzohrigkeit mutiert. So problematisch solche Verallgemeinerungen auch sind, es bleibt unübersehbar, daß bei den vielen wirtschaftlichen Problemen im Land, bei der permanenten Krise, Freundlichkeit und Ehrlichkeit angesichts kamera- und devisenbeladener Touristen einfach einen schweren Stand hat. Wer permanent in existenziellen Nöten lebt, hat zwangsläufig ein anderes Wertesystem als wir Mitteleuropäer, die wir uns auf Zeit und mit Rückflugticket den Reizen der Exotik aussetzen.

Gringo Trail

Der *Gringo Trail* ist ein sehr breit ausgelatschter Reisepfad durch Mexiko und Mittelamerika. Mit gewissen Abweichungen reisen Individualtouristen entlang des Gringo Trail, die Rundreiseprogramme der Pauschalveranstalter folgen in etwa der gleichen Route. So kommt es immer wieder vor, daß man nach einigen Tagen wieder die gleichen Traveller trifft. Man kann nun über soviel Nachbarschaft fern der Heimat spotten oder sich über die vielen Bekanntschaften freuen. Tatsache ist, daß auch der Individualtourismus in Mittelamerika in relativ starren, durch die Verkehrsmittel, Hotelsituation etc. vorgegebenen Bahnen verläuft. Dies hat den Vorteil, daß der unabhängige Traveller auf seiner Tour meist ausreichend touristische Infrastruktur vorfindet und wem dies alles zu eingefahren ist, der kann ja jederzeit "off road" gehen, Vorschläge hierzu finden Sie genug im Ortstext.

Wirklich Neues gibt es ohnehin kaum mehr zu entdecken, Humboldt's Zeiten sind vorbei. Aber auch der recht ausgelatschte Gringo-Trail bietet noch immer reichlich Überraschungen, er führt durch reizvolle Städte und grandiose Landschaft, die meisten archäologischen Stätten liegen an der Strecke, genug Gründe also, den Trail zum Gerüst seiner Tour zu machen. Einige - nicht alle - der im Ortsteil besprochenen Städte sind unter diesem Gesichtspunkt ausgewählt.

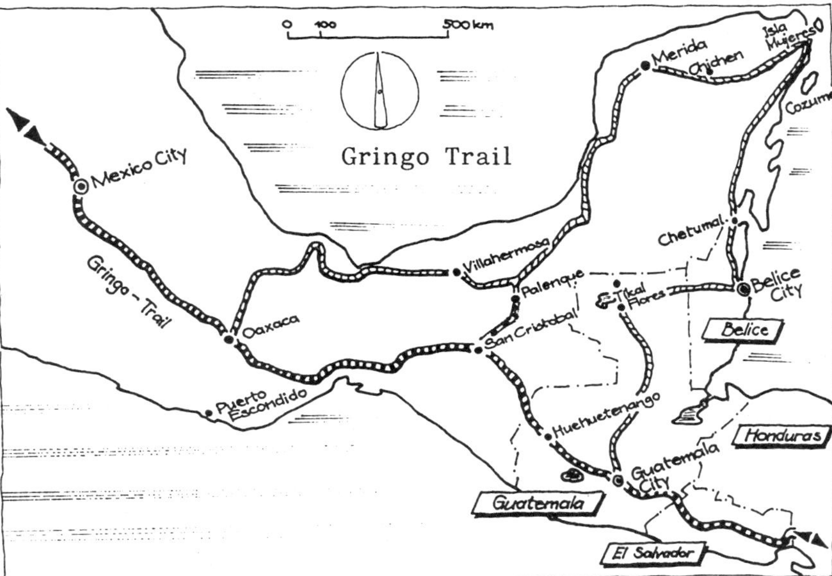

Hochsaison

Reisen während der Hochsaison ist - wie überall - auch in Mexiko erheblich beschwerlicher und schmälert den Reisegenuß: Die Hotelpreise in den Touristenorten steigen an, und zwar wesentlich stärker als aus Europa gewohnt. Oft ist es schwierig nach nervenaufreibender Busreise noch ein freies Zimmer zu finden. Die Flug- und Buskapazitäten sind ausgelastet. Flüge deshalb immer so früh wie möglich buchen, da es sich bei den Inlandflügen um reguläre Linienflüge handelt, können Termine immer noch nachträglich geändert oder storniert werden, ohne Geldverlust. Die Buchung wichtiger Inlandpassagen kann auch schon hier in Europa erfolgen, z.B. über das Büro von Aeromexico in Paris. Spätestens aber nach der Ankunft in Mexiko-City (oder Cancun etc.) sollte man sich die wesentlichen Binnenflüge reservieren lassen - es reist sich dann einfach ruhiger. Vgl. hierzu auch unter 'Verkehr im Land'.

▪ Hochsaison in Badeorten: Dezember bis Ostern, ganz besonders über Weihnachten/Neujahr und Ostern, dazwischen auch ruhigere Zeiten. Besonders über *Weihnachten und Neujahr* sind die üblichen Touristenziele extrem stark besucht, wenn irgend möglich diese Zeiten meiden, oder Unterkunft früh reservieren!!!

Im Sommer, während der Universitäts- und Collegeferien sind viele jüngere Traveller unterwegs, so daß es an den Haupttouristenorten schon ordentlich voll wird (bes. Juli/August). Rechtzeitiges Reservieren erspart in diesen Zeiträumen viel Ärger.

Von September und bis kurz vor Weihnachten ist es dann wieder problemloser zu reisen, selbst Hotels in Touristenorten sind oft nur Viertel voll, man kann sich die besten Zimmer aussuchen - eigentlich die ideale Zeit für Individualtouristen. Die wenigen Regenschauer stören kaum und die Vegetation ist noch recht frisch. Ähnlich die Zeit im Frühsommer im Mai-Juni.

Natürlich hängt das Touristenaufkommen extrem von der aktuellen Dollarentwicklung und vom Wechselkurs ab, denn über dreiviertel aller Mexikotouristen sind nach wie vor US-Amerikaner. Allerdings konzentriert sich der US-Tourismus sehr stark auf populären und voll erschlossenen Touristengebiete an den Küsten, so z. B. in der Region um Acapulco am Pazifik und um Cancún an der mex. Karibikküste. Die wilden Schwankungen im Mexiko-Tourismus während der 80er Jahre vereiteln jede zuverlässige Prognose über die zukünftige Entwicklung. Auf Niedrigpreisphasen folgten bislang noch immer regelmäßig Preisexplosionen, so daß Mexiko ständig zwischen Billigreiseland und teurem Reiseziel pendelt.

Die wenigen Preisangaben in diesem Buch sind deshalb, wie die Hotelklassifizierungen als Orientierungshilfen zu verstehen, die nur in der Relation zueinander einigermaßen gleichbleibend sind. Begriffe wie teuer, preiswert etc. sind in Relation zu mitteleuropäischen Preisen zu verstehen.

Die Preissprünge während der letzten Jahre waren oft atemberaubend: Wegen der schier unglaublichen Inflation haben viele Reiseveranstalter Anfang der 80er Jahre Mexiko ganz aus ihrem Programm gestrichen. 1983 wurden dann die Hotelpreise eingefroren und der Peso mehrmals, um insgesamt 300% ! abgewertet, damals konnte man bei unglaublich niederen Preisen fast überall einen freien Platz bekommen, nur die von US-Amerikanern besuchten Plätze erlebten noch einen Boom. 1984 und 1985 sind die Preise dann wieder recht zügig gestiegen und der Peso verlor nur gegenüber dem Dollar entsprechend an Wert. Zu Ende der 80er kam der Tourismus nach den vielen Wirtschaftskrisen und Depressionen, nach dem verheerenden Erdbeben 1985 in Mexiko Stadt (mit über 20.000 Toten) zunächst nicht mehr so recht in Schwung, der niedere Dollar hielt zusätzlich viele Amerikaner zuhause. Dann kam ein Hurrikan im Herbst 1988, der entlang des Golfes von Mexiko und bis zur Karibikküste um Cancún zu Beginn von 1989 riesige Flächen verwüstete, Hotels zerstörte und einige Palmenstrände glattfegte.

Aber nach der zumindest teilweisen Konsolidierung der maroden Finanzlage im Land, mit dem nun einsetzenden wirtschaftlichen Aufschwung zieht auch der Tourismus wieder stark an. Mexiko gilt - nicht zuletzt wegen seiner riesigen noch unerschlossenen Flächen und Strände - als eines der touristischen Boomländer der 90er im karibischen Raum. Die unreflektierte Wachstumsideologie, die für weite Bereiche des Landes gilt, dürfte auch den Tourismus weiter beschleunigen. So genießen die europäischen Touristen seit Ende der 80er den immer günstiger werdenden Wechselkurs, wie lange noch, weiß freilich niemand . . . . . Abseits der Yankee-Hochburgen findet man auch in der Hochsaison oft noch genug Platz.

Hotel

Es gibt in Mexiko zahlreiche preiswerte und dabei gute Hotels. Manchmal sogar ausgesprochen behagliche, charmante Unterkünfte, oft in umgebauten Gebäuden aus der Kolonialzeit, in denen man sich auf Anhieb wohlfühlt. Auch einfache Billigunterkünfte gibt es reichlich, nur darf man dort natürlich keine großen Ansprüche stellen.

Preise: Es ist fast unmöglich, für Mittelamerika verläßliche Hotelpreisangaben zu geben. Der Dollarkurs, von dem der Wert des Peso ja stark abhängt, Inflationsrate, Saisonschwankungen und politische Verhältnisse bewirken ständige und unvorhersehbare Preisänderungen. Nachdem ich in den zurückliegenden Auflagen dieses Buches bis 1988 noch konkrete Preise angegeben habe, ist nun eine Klassifizierung mit drei Kategorien angegeben, die Ihnen wenigstens eine ungefähre Schätzung der Hotelkosten und des Komforts ermöglichen soll, ohne laufend mit überholten Preisen konfrontiert zu sein. Dabei ist ein einstern-Haus nicht überall gleich teuer und komfortabel, sondern in der Relation zur Region, bzw. zum Preisniveau im betreffenden Reiseland zu sehen. Ein *Hotel in Acapulco ist natürlich teurer als ein *Haus mitten im Dschungel von Chiapas. In jeder Kategorie haben wir versucht, kleinere, persönlich geführte Häuser vorzuziehen. Eine Ausnahme sind die praktisch durchweg guten, aber recht teuren Hotels der Ketten *Villas Archeologicas* und *Mision Inn*, die praktisch immer bei den ärchäologischen Zonen liegen (vgl. dort).

* einfache Pensionen und Hotels, meist geringer Komfort aber häu-

fig solide Familienbetriebe, mit herzlicher Atmosphäre. Derzeit um ca. 20 Mark/Dozi

** Mittelklasse, meist gute Zimmer mit Dusche, oft gutes Restaurant im Haus, zw. 25 und 50 Mark.

*** obere Mittelklasse, bis Komfortklasse. Dusche bzw. Bad obligatorisch, internationaler Standard. Ab 50 Mark, ganz selten über 100 Mark. Die Restaurants dieser Hotels sind meist unverhältnismäßig teuer.

Die Klassifizierung in diesem Buch hat natürlich nichts mit der offiziellen Hoteleinteilung zu tun. Sie ist ebenso wie die Auswahl der Häuser ein Resultat meiner persönlichen Erfahrungen und den Aussagen anderer Leser.

Auskunft über die aktuelle Hotelpreissituation geben die - allerdings auch nur leidlich oft aktualisierten Hotelpreislisten der mexikanischen Fremdenverkehrsämter. Wenn Sie die aktuellen Preise in den Listen der Verkehrsämter mit unseren Sternangaben vergleichen, erhalten Sie einen ersten Anhalt über die Preissituation.

▪ In einfachen Hotels kann man oft auch mit mehr als zwei Personen - gegen geringen Aufschlag - in einem Dozi absteigen. Dies praktizieren auch viele Einheimische.

Nicht nur für Paare: Doppelzimmer mit einem großen Bett *cama matrimonial*, diese Zimmer sind bis zu einem Drittel billiger als Zimmer mit zwei getrennten Betten, den *duas camas*.

Wichtig: Der Hotelpreis sollte immer an der Zimmertür angeschlagen sein. Preise gelten immer ohne Frühstück. Viele Hotels bieten einen Gepäckaufbewahrungsservice an, man braucht dabei bei Rückkehr nicht im selben Hotel wohnen bleiben.

Wir haben immer versucht, Hotels zu empfehlen, die über längere Zeit hinweg ihren Standard gehalten haben. Freundlichkeit und ein schattiger Innenhof mit netter Bar schien uns wichtiger als TV oder ein Zimmertelefon. Die immer wieder und von vielen Lesern geforderten Tips über Billighotels sind naturgemäß gewagt, weil sich deren Zustand oft schnell verändert, außerdem erhält jeder Traveller unterwegs genügend aktuelle Infos über die aktuellen Billigherbergen.

Meine große Bitte: Schreiben Sie über Ihre Hotelerfahrungen, nur so können die Reisenden nach Ihnen ebensoviel von diesem Buch profitieren wie Sie es jetzt tun.

■ Reservieren: Auf allen größeren Flugplätzen im Land und auf vielen Busbahnhöfen gibt es Reservierungsschalter für Hotels. In Hauptsaisonmonaten kann man auch vom bewohnten Hotel aus das nächste per Telefon reservieren lassen, dies klappt aber nur bei einigermaßen zuverlässigen (oft leider auch teuren) Häusern, z.B. den Hotels der guten *Villas Arquelogicas* - Kette. Ein reserviertes Zimmer erspart viel Ärger - es gibt ja nichts Zermürbenderes als hektische und vergebliche Zimmersuche in tropischem Klima. Reservierungen von Deutschland aus sind oft problematisch, die Preise oft höher als die im Land, weil Gebühren und Provisionen dazukommen. Allerdings reservieren nun (seit es den zentralen Amadeus-Reservierungscomputer der wichtigen Fluggesellschaften gibt) viele Airlines, bei denen man ein Ticket gekauft hat, auch ein dem System angeschlossenes - meist komfortables - Hotel beim Ankunftsort. Zumindest für die erste Nacht ein gutes und problemloses Angebot.

Klima

Wegen der unterschiedlichen Höhenlagen und der Lage zwischen zwei Weltmeeren gibt es sehr unterschiedliche Klimazonen, es werden - in grober Vereinfachung - drei Klimazonen unterschieden.

1. *Tierra caliente* - heiße Zone -, bis 800 m Höhe, Jahresdurchschnitt über 25 Grad C., tropisch feuchtheiß, z.B.: Tabasco, Yukatan, Chiapas, und das angrenzende Belize.

2. *Tierra templada* - gemäßigte Zone -, 800 - 1.000 m Höhe, Jahresdurchschnitt 18 - 22 Grad C., ewiger Frühling, z.B. um Cuernavaca, Oaxaca.

3. *Tierra fria* - kalte Zone - über 1.800 m Höhe, Jahresdurchschnitt um 15 Grad, im Winter kalt bis zum Nachtfrost, ab ca. 2.400 m, im Sommer angenehm warm, große Tag - Nachtunterschiede, z.B.: Mexico-City, Chiapas.

Höhenlagen und Durchschnittstemperaturen in einigen wichtigen Städten Mexikos:

Höhenlagen		Jan.	Febr.	März	April	Mai	Juni	Juli	Aug.	Sept.	Okt.	Nov.	Dez.
Acapulco	0	26,4	26,6	27,0	27,8	28,6	28,6	28,6	29,1	28,3	28,1	27,8	27,1
Cancun	0	25,0	25,2	25,4	27,8	28,5	29,0	29,2	29,4	29,0	27,9	26,7	25,8
Merida	9	22,9	23,6	25,8	27,3	28,0	27,7	27,2	27,6	27,1	25,9	24,5	23,2
Mexico-City	2240	12,6	14,3	16,9	17,9	17,6	17,4	16,3	15,9	15,1	15,0	14,1	12,6
Monterrey	538	16,4	17,6	20,3	23,7	26,1	28,1	28,4	28,3	25,9	22,4	17,7	15,6
Oaxaca	1550	19,0	20,5	22,6	23,5	23,6	22,3	21,8	21,7	21,2	20,3	19,8	18,7
Taxco	1755	19,8	20,7	23,3	25,8	23,7	22,8	20,6	20,5	20,5	20,5	20,4	20,0
Villahermosa	10	23,7	24,8	26,6	28,4	29,0	29,1	28,3	28,8	28,5	27,2	26,4	24,0
Veracruz	0	21,8	22,5	23,9	25,8	27,8	28,1	28,1	28,2	27,7	26,7	24,5	23,0

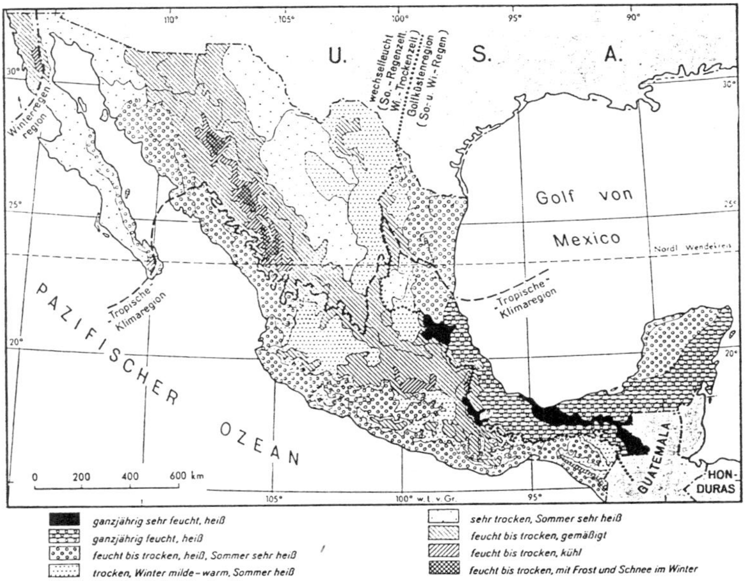

Die nivalen Klimate einzelner Vulkangipfel über 4800m sind wegen der geringen Flächenausdehnung nicht eingetragen

Die Regenzeit dauert von Mai bis September, sie betrifft aber nur die Regionen im Süden und Osten des Landes stark, praktisch der gesamte Landesnorden wird von der Regenzeit kaum mehr beeinflußt (vgl. Graphik). Auch in den Regenzonen ist je nach geographischer und Höhenlage mit sehr schwankenden Niederschlägen zu rechnen. 52% des Landes, besonders der Norden, gelten bei weniger als 10 cm Niederschlag im Jahr als sehr trocken, nur 6% des Landes sind bei über 5 m Niederschlag pro Jahr sehr feucht.

Das Vegetationsbild weiter Teile Mexikos (z.B. besonders im gesamten Yukatan, im Hochland um Chiapas) variiert sehr stark zwischen der Trockenzeit und der Regenzeit. Die braunen, staubigen Buschsavannen und Steppen während der Trockenzeit verwandeln sich in der Regenzeit in nahezu tropisch grüne und dichte Regenwälder. Wer Freude an vegetationsreicher Landschaft hat, sollte nicht mitten in der Trockenzeit reisen, oder seine Reiseroute so legen, daß zumindest eines der kleinen immerfeuchten Gebiete (z.B. die Regenwälder um Palenque) bereist werden. Es ist ein herrliches Erlebnis in tropischer Umgebung zu wohnen, in klaren Flüssen zu baden und die Geräusche des Regenwaldes zu hören.

Meist fallen die Niederschläge als kurze Schauer in den Nachmittagsstunden. In Küstennähe und in tropischen Regionen kommt es oft zu den legendären Wolkenbrüchen. In kürzester Zeit prasseln dann Riesenmengen auf die dampfende Erde, aber bald danach scheint wieder die Sonne und man wähnt sich in einem Treibhaus.

▪ Reisepraxis: Generell beeinträchtigt die Regenzeit die Urlaubsplanung nur am Rande, wer also einigermaßen hitzebelastbar ist, kann ganzjährig in Mittelamerika reisen. Die feuchtwarme Hitze in den tropischen Regionen (Tabasco/Pazifik-, Karibikküste) macht einem aber ordentlich zu schaffen, man kann also kein normales Tagespensum ansetzen. Unangenehm vor allem die Nachthitze in diesen Regionen. In den höhergelegenen Landesteilen, ab ca. 1.800 m wird es nachts, insbesonders in den Wintermonaten, empfindlich kalt, an entsprechende Kleidung denken.

Fazit: Bedingt durch das ausgesprochen uneinheitliche Klima kann nicht von einer idealen Reisezeit für Mexiko gesprochen werden. Wer erhöhte Preise und Hektik vermeiden möchte, sollte die Hochsaisonmonate beachten. Besonders günstige Monate sind September bis Dezember (schöne Vegetation unmittelbar nach der Regenzeit), und die Zeit von Mai bis zum Anfang der Sommerreisewelle (schöne Blüte zu Beginn der Regenzeit).

Land und Leute

Die Reiseführerpsychologie, die Spanier im Wesentlichen zu verkappten Stierkämpfern macht und die Mexikaner auf stolze Sombreroträger reduziert, so verquer diese Darstellungen auch sein mögen, allemal werden so Vorurteile verfestigt. Wer sich ernsthaft um Land und Leute bemüht, kommt um eine ausführliche Lektüre nicht herum, Hinweise dazu am Buchende im Literaturteil. Sehr lesenswert zur Lehnstuhl-Einstimmung sind die Bücher der Poeten Octavio Paz und Carlos Fuentes, die jetzt ja teilweise auch in deutscher Übersetzung vorliegen. Dies sind wirklich faszinierende Texte, und auch die Freunde griffiger Formeln werden darin etwas finden, so z.B. bei Octavio Paz: ". . . jeder Mexikaner ist der Sohn einer Jungfrau, umzingelt von Millionen finsterer Hurensöhne." Aus: Octavia Paz: Das Labyrinth der Einsamkeit, Bibliothek Suhrkamp, Bd. 404. Ein verbreitetes Werk von Carlos Fuentes: Terra Nostra, dtv 10043.

Land und Leute 2

Auf Reisen durch Mexiko und Mittelamerika ist die schier unglaubliche Mannigfaltigkeit der Eindrücke wohl die dominanteste Erfahrung. Es gibt keinen Satz, der auf ganz Mexiko zutreffen würde. Industrienation westlicher Prägung, Schwellenland, Entwicklungsnation, alles trifft zu - und auch nicht. Verschiedenste Klimaregionen und Vegetationsverhältnisse. Die 20 Millionen Menschenwüste von Mexico-City, weite fast menschenleere Tropenwaldregionen im Südosten des Landes. Gemischte Bevölkerung: Mestizen, Indios, Weiße. Diese Gegensätze vereiteln eine kurze prägnante Beschreibung der Verhältnisse. Dennoch ein paar Fragmente aus dem mexikanischen Alltag:

Chaos als Programm

Sicher ebenso interessant wie der Besuch der archäologischen Zonen, der ja ein Hauptreisemotiv der meisten Touristen ist, ist die Beobachtung der Alltagskultur Mexikos. Es ist das Gefühl, in ein Sammelbecken von Problemen geworfen zu sein, das jeden sensiblen Reisenden gleich nach der Ankunft erfaßt. Und gleichzeitig beginnt die andauernde Verwunderung, mit welch spielerischer Ausdauer vieles gemeistert wird. Kaum vorstellbar, was sich hinter den Daten zur Bevölkerungsstruktur verbirgt: 1940 20 Mill., 1960: 35 Mio., 1988: 80 Mio, Bevölkerungszuwachs lange Zeit: um 3,5%, d.h. Verdopplung alle 20 Jahre, diese dramatische Entwicklung ist mittlerweile zwar abgeflacht, aber nicht unter Kontrolle. Die Hälfte der erwerbsfähigen Bevölkerung ist arbeitslos, über die Hälfte der Bevölkerung ist derzeit unter 20 Jahren alt, was braut sich da zusammen?

PRI

Unter diesen Verhältnissen sind viele vertraute Denkmuster hinfällig. Die ‘Regelung auf mexikanisch’, das bedeutet allgegenwärtige Korruption, Chaos, bisweilen brutales, manchmal geniales Chaos - das ist mexikanischer Alltag. Über allem die allmächtige *PRI = Partido Revolutionario Institutional.* 8 Millionen Mitglieder, geführt von einer in Jahrzehnten eng verfilzten Machtclique, seit 55 Jahren ununterbrochen an der Macht. Die *institutionalisierte Revolution*, niemand stört sich an diesem parteigewordenen Widerspruch. Ohne PRI läuft nichts in Mexiko, kein Ansehen, keine Macht, schon gar kein Geld. In der PRI sind korrupte Polizisten, Kaufleute, linke Intellektuelle, Gewerkschafter, Unternehmer. Jeder der Redner der PRI, und es gibt viele, beruft sich auf die Errungenschaften der Revolution: Unter dem legendären Bauernführer Emiliano Zapata haben von 1910 bis 1917 die Land- und Rechtlosen für *Tierra y Libertad* gekämpft. Eine Million Menschen fiel in dem Bürgerkrieg. Die PRI beansprucht für sich, das revolutionäre Erbe zu verwalten. Was wurde daraus: 1968 protestierten Studenten in Mexiko-City auf dem Platz von Tlateloco. Sie waren dagegen, daß der Staat Milliarden für das Spektakel Olympische Spiele verprasst, aber nichts für seine hungernden Leute übrig hat - Hunderte der Demonstranten wurden erschossen.

Durch Pachtverträge und Schuldverschreibungen wurden viele Kleinbauern systematisch enteignet, wenn heute landlose, *Campesinos*, das brachliegende Land der Hacienderos besetzen, dann arbeiten die von den Grundbesitzern gedungenen Pistoleros Hand in Hand mit der Polizei: 1981 gab es 27 Tote bei einer privaten Landnahmeaktion bei Puebla. In Monte Libano im Bundesstaat Chiapas wurden Ende der 80er 70 Bauernhütten niedergebrannt und laufend wird auch heute noch von Übergriffen berichtet (vgl. dazu das Kapitel 'Wo Gewalt Tradition hat', im Ortstext). Konfliktlösung ist im Macho-Land Mexiko oft nur eine Machtfrage. Es klingt für unsere therapiegewöhnten Zeiten unglaublich, aber es ist nicht sehr außergewöhnlich, daß Funktionäre oder Verhandlungspartner nur bewaffnet zu wichtigen Terminen erscheinen, und auch die spektakuläre Schießerei zwischen den rivalisierenden Delegationen derselben Gewerkschaft, die den Verhandlungsraum und später das gesamte Foyer eines Luxushotels verwüstete, war für Kenner der Abläufe im Land keine große Überraschung.

Der Palazzo

Da jeder Präsident nur eine Amtsperiode von 6 Jahren lang amtieren kann und Wiederwahl ausgeschlossen ist, wird kräftig hingelangt: Zu Beginn der 80er Jahre, in die Amtszeit von Lopez Portillo, liegt der schon märchenhafte Aufstieg und der ebenso spektakuläre Fall der staatseigenen Ölgesellschaft *PEMEX*, deren Machtfilz, den Armen einer Krake gleich, bis in die hintersten Winkel des Landes reichte und reicht. Wie seine Vorgänger installierte Lopez Portillo seinen Clan in entscheidenden Positionen: Ein Palazzosystem, wie es in dieser Form nur von totalitären Despotensystemen bekannt ist. Da eine Wiederwahl per Verfassung ausscheidet, werden die letzten Regierungsmonate oft zur persönlichen Bereicherung genutzt: Lopez' Wohnsitz besteht aus 4 Palästen über dem Smog von Mexico-City. Sein früherer Polizeichef Arturo Duarez ließ sich, bei einem offiziellen Monatsgehalt von ca. 1300 Mark, eine 10 Millionen Villa im Pazifikbadort Zihuatanejo hinstellen, wurde dann plötzlich unter Anklage gestellt. Die Frau des Präsidenten, Carmen

Romano de Lopez Portillo, ließ kurz vor Ablauf der Regierungszeit wertvolle Kunst aus dem Anthropologischen Museum in Mexiko-City wegschaffen.

Andererseits ist Mexiko immer noch das politisch stabilste, das sicherste und das friedlichste Land in Mittelamerika. Einmal abgesehen vom Kleinstaat Costa Rica hat Mexiko den höchsten Lebensstandard, das freieste politische System und die besten Sozialleistungen - aber eben nur für jene Leute, die das mexikanische Spiel beherrschen.

Turnusgemäß wurde Anfang Juli 1982 ein neuer Präsident gewählt (dessen Amtszeit 1988 endete). 75% wählten Miguel de la Madrid, der natürlich alles besser machen wollte. Noch frei von Skandalen wetterte er in seiner Antrittsrede vor allem gegen die Korruption, er sprach von der vielbemühten 'moralischen Erneuerung'. Mit seinen für Mexiko ungewohnt offenen Worten erwarb er sich die Symphatie von vielen, aber auch den Zorn von einigen Mächtigen. Später hat de la Madrid wenigstens ein klein wenig ernst gemacht: Einer Säuberungswelle fielen über 100 hohe Regierungsbeamte zum Opfer. Der prominenteste Gauner war der ex-Polizeichef von Mexiko-Stadt, Arturo Durazo. Durazo wurde Mitte der 80er auf dem Flughafen von Puerto Rico verhaftet. Neben einer Menge anderer Verbrechen wird dem früheren Polizeiführer maßlose Bereicherung aus der Staatskasse vorgeworfen. Aber auch der neue Schlag ist nur eine Kleinigkeit gegen die "chronische Krankheit der Raubgier und Bestechlichkeit" (Octavio Paz). Der Journalist Armando Ayala Anguiano sieht die Krankheit einfach und unheilbar, "Die Regierung kann die Bevölkerung wirtschaftlich nicht zufriedenstellen, um uns zu unterhalten, bietet sie uns deshalb einen römischen Zirkus."

Mordida

Mordida ist der in Mexiko allgegenwärtige 'Biß' mit Geldscheinen: Eben die Korruption. Ohne Mordida geht in Mexikos Wirtschaft nichts, wer im öffentlichen Leben etwas erreichen will, muß beißen - und ganz im Machismo-Denkmuster, wer Mordida nicht beherrscht, ist ein *pendejo*, ein Schlappschwanz. Für viele ist die Korruption der Hauptgrund der permanenten Wirtschaftskrise und zugleich der Grund für die so oft bewunderte Fähigkeit, in letzter Minute doch noch eine Lösung zu finden. Tatsächlich, in Mexiko herrscht Korruption satt und auch hier sitzt der staatliche Ölmulti PEMEX in der ersten Reihe: Jährliche, unerklärbare Bilanzverluste in Milliarden Dollarhöhe sind üblich. Der Ex-Pemex-Chef Jorge Diaz Serrano erklärte zu dem Schwund einmal genial-lapidar: "verdunstet".

Als ein Ventil auf der Bohrinsel Ixtoc I platzte, flossen zu Beginn der 80er neun Monate lang täglich 20 000 Barrel Öl in den zuvor glasklaren Golf von Mexiko. Nach Monaten erst bemühte die Pemex den Ölbrandbekämpfer Red Adair aus Texas, der bei einem Bohrinselbrand Mitte der 80er Jahre erneut zur letzten Hoffnung wurde. Der fluchte: "Haben Sie schon einmal so ein Durcheinander, so eine Sauordnung gesehen?" Es gibt viele undichte Stellen bei der Pemex: Während 2 Jahren verschwanden 97 Mill. Kubikfuß Gas aus den Bilanzen. Offizielle Erklärung: Die Menge würde zum Füllen, der neu angeschlossenen Leitungen gebraucht. Ein Oppositionspolitiker rechnete nach: Man hätte damit eine Leitung füllen können, die 248 mal um den Äquator läuft.

Mordida überall: Da ordnet ein Schuldirektor an, daß statt blauer nun grüne Uniformen getragen werden müssen. Der Direktor ist mit dem Besitzer der nahen Textilfabrik befreundet. So geschehen in Nezahuac. Auch die Polizei ist durchgehend korrupt. Wer eingestellt werden will, muß zahlen, ebenso wer weiterkommen will. Den enormen Finanzbedarf der Polizei bekommt auch der einfache Tourist zu spüren: Immer wieder werden von Polizisten grundlos irgendwelche Strafgelder kassiert. Der Polizeichef von Acapulco, Arturo Moreno, früher ein mittlerer Beamter, soll durch Drogenhandel reich geworden sein. Der ehemalige Geheimdienstchef, Miguel Nassar Haro, wurde als Chef einer mexikanisch-amerikanischen Autoschmugglerbande enttarnt. Auch Arturo Durazo, der ex-Polizeichef von Mexiko-Stadt, darf nicht fehlen. Sein ehemaliger Leibwächter hat einen Bestseller geschrieben: 'Das Schwarze des schwarzen Durazo', er wird darin fast jeden Verbrechens bezichtigt. Und wo gibt es ein Gesetz, das Regierungsbeamte zwingt, vor und nach ihrer Dienstzeit ihren persönlichen Besitz offenzulegen. Und wo eine Versicherung gegen 'Probleme mit Behörden', in Mexiko ...

Museum

Fast alle Museen sind Montags geschlossen! Viele der bekannten - und sehr sehenswerten - Museen Mexikos liegen am *Gringo-Trail*, sind also leicht zu erreichen und im Ortstext besprochen. Sonntags oft freier Eintritt, aber viele Leute. Eintrittspreise selten über 2 Mark.

Muße

Es klingt banal, wird aber einfach zu oft übersehen: Muße, Langweile, einfach mal Zeit haben - eigentlich sind das ja Selbstverständlichkeiten auf Reisen. Leider sieht man immer wieder Leute, die durchs Land rasen, rennen oder fahren, ohne dabei die mannigfaltigen Schönheiten Mexikos überhaupt noch wahrnehmen zu können. Sicher, archäologische Zonen, Tempel, Museen können einen gerade in Mexiko in Besichtigungsstress bringen, der Kanon der klassischen Sehenswürdigkeiten ist schier endlos. Entsprechend pervertiert ist der Kulturkonsum vieler Touristen, "habt ihr schon Palenque gemacht, und Monte Alban?", oft gehörte Fragen, die Kulturstress verraten. Man ist nicht mehr an Ort und Stelle, man macht! Nichts gegen Museen und andere Stätten, nur, es gibt schließlich noch Anderes. Wer ein Land besucht, sollte auch die Alltagskultur sehen mögen, in der ja 99% der Leute leben müssen. Die Märchenwelt der Kulturreiseführer können Sie auch zu Hause im Lehnstuhl genießen. Außerdem könnte man ja mal:

- Herumwandeln und nach den Richtlinien von Mi Fei dem alten, die da sind Zartheit, Geschwungenheit, Klarheit und Schlankheit, ein Pflanze oder ein Bauwerk beurteilen.

- Eines Morgens ganz früh mit seinem Lieblingsbuch auf einen Hügel oder Berg wandern.

- Pflanzensamen sammeln, ordentlich archivieren, zuhause aussäen.

- Ohne Gepäck und nicht allein in die Vororte der Großstädte fahren, umherlaufen, den Mut nicht verlieren, nachdenken.

- In einem guten Geschäft ein Hemd kaufen.

Polizei

". . . überhaupt ist die Polizei eine unerfreuliche, belastende Erscheinung und deutlich auf Erpressung von Trinkgeld aus." (Aus einer Leserzuschrift). "Die Polizei muß die Garantie für die öffentliche Sicherheit und Ordnung sein und nicht der Grund für deren Zusammenbruch." (Präsident Miguel de la Madrid in seiner Antrittsrede am 1. Dezember 1982).

Die Polizisten sind mal freundlich, mal auf Erpressung irgendwelcher Gelder aus. Oft hilft Autofahrern nur das Zahlen aus der Klemme. Nie polizeiliche Haltegebote oder Straßenkontrollen mißachten!! Und wer's gar nicht glauben möchte, nochmal Mexiko live:

"Aus Puebla wurden uns Dinge erzählt, die es umso wichtiger erscheinen lassen, auch während der Fahrt auf verriegelte Türen zu achten. Wird man trotzdem überfallen und beklaut, ist es wohl das Dümmste was man tun kann, zur Polizei zu gehen und Anzeige zu erstatten. Wenn man das Geld hat, sollte man die Polizei nach dem Preis für das Gestohlene fragen und mit etwas Glück hat man seine Siebensachen bald wieder." (Aus einem Leserbrief).

Es ist freilich so, daß die Zahl der dreisten und plumpen Überfälle, wie sie besonders zu Mitte der 80er Jahre auf dem Höhepunkt der Wirtschaftskrise üblich waren, derzeit nicht mehr so häufig vorkommen. Nochmals, es geht nicht darum, pauschal ein Land zu kriminalisieren, aber man sollte die soziale Spannungen Mexikos stets im Hinterkopf haben und gesundes Mißtrauen und eine Sensibilität für kritische Situationen entwickeln. Mit unseren Moralvorstellungen aus dem sozialversicherten Mitteleuropa kämen Sie in Mexiko auch nicht weit . . .

Preise

Die unstabile Wirtschaftslage und ständige Währungsschwankungen führen laufend zu Preisänderungen. Derzeit ist Mexiko noch ein relativ preiswertes Reiseland - das kann sich mit einer Änderung der Inflationsrate oder geändertem Dollarkurs aber jederzeit ändern. Allein in den letzten 10 Jahren pendelte Mexiko mehrmals zwischen teurem und sagenhaft preiswertem Ziel. Luxushotels waren manchmal unerschwinglich, dann wieder - wie bis vor kurzem - mit ca. 40 DM je Dozi fast geschenkt. Wir geben deshalb bei Hotels und Restaurants auch keine konkreten Preise mehr an - sondern Kategorien, die eine Schätzung erlauben sollen - die Relation der Hotelpreise untereinander bleibt ja meist gleich.

Auch in Hochpreisphasen liegen die Preise für Transport (besonders Bus und Zug) bedeutend unter Mitteleuropaniveau. Auch einfache Hotels und Restaurants sind keinesfalls teurer als bei uns.

Derzeit bekommt man beim Tausch in Mexiko für 1 DM ca. 1500 Pesos (Stand Anf. 90, das Zeichen für Pesos ist $). Der Kurs in Deutschland ist wesentlich schlechter.

Reconfirmation

Eine früher im internationalen Flugverkehr sehr verbreitete Sitte, daß Flüge eine bestimmte Zeit (Inland 24 h, international 72 h) vor Abflug noch einmal vom Passagier bestätigt werden müssen. In Mittelamerika war das sehr wichtig, weil es viele gibt, die Flüge auf Verdacht buchen, aber nicht antreten, sog. *no shows*. Diese nicht reconfirmten Flüge werden dann über eine Warteliste neu vergeben. Seit die meisten Büros an Zentralcomputer angeschlossen sind, wird die Bestätigung immer weniger verlangt, weil freie Plätze sofort neu vergeben werden können, dennoch zur Sicherheit nachfragen ob erforderlich.

Wer einen gebuchten Linienflug nicht antritt, muß mind. 24 h vor Abflug annulieren, um Stornogebühren zu vermeiden. Reconfirmation ist nicht erforderlich bei Lufthansa und bei allen computergebuchten Inlandflügen von Aeromexico und Mexicana.

Sprache

Nur in wenigen Großstädten und in den Touristenzentren kommt man mit Englisch leidlich gut durch, Deutsch wird nur sehr selten verstanden. Abseits der Metropolen sind zumindest elementare Spanischkenntnisse absolut unerlässlich. Schon ein paar Brocken Spanisch erleichtern das Reisen ungemein, legen Sie sich unbedingt wenigstens Grundkenntnisse zu - das geht schnell und Sie werden sehen, die Reise macht doppelt so viel Spaß. Die Mexikaner bemühen sich Ausländern gegenüber, die ein wenig Interesse erkennen lassen, meist um eine klare Aussprache, so daß man auch als Anfänger schon recht viel versteht. Gerade Individualreisende brauchen einen Sprachführer im Gepäck - dies ist auch im Krankheitsfall abseits der Großstädte sehr wichtig.

Viele Mexikaner wollen auch schlicht nicht in der Sprache des 'großen Bruders' im Norden reden. Dies liegt vielleicht auch daran, daß der amerikanische Durchschnittstourist oft genug ein 'Gracias' nur mit großer Mühe über die Lippen bringt.

Taxi - Collectivo

Taxifahren ist in der Regel recht preiswert. Taxis, die vor großen Hotels warten, sind meist teurer als die an den üblichen Standplätzen. Gleiches gilt für Taxis, die von Flugplätzen wegfahren. Der häufigste Taxistandplatz ist der *Zocalo*, so heißt meist der zentrale Hauptplatz einer Stadt in Mexiko.

In Mexico-City verkehren preiswerte *Collectivos*, Sammeltaxis, die auf festgelegten Routen verkehren, freie Plätze zeigt der Fahrer mit Handzeichen an. Auch auf dem flachen Land werden viele Ziele, die für die großen Buslinien nicht attraktiv genug sind, von Collectivos angefahren. Collectivos fahren meist von zentralen Plätzen der Innenstädte, manchmal auch von den 2 Kl. Busbahnhöfen ab.

▪ Taxistände sind oft mit einem Schild *sitio* markiert.
Am preiswertesten sind in Mexico-City die gelben VW-Käfer-Taxis (5 km ca. 5 DM, werden nun aber abgelöst von jap. Kleinwagentaxis). Mit Ausnahme von Mexico-City haben die Taxis keine Taxameter (auch dort lange nicht alle). Preise unbedingt vorher aushandeln. Spanischkenntnisse wirken preisdämpfend.

Telefon

Transatlantische Ferngespräche sind in Mexiko extrem teuer, weil mit der Luxussteuer belegt, zudem werden mindestens 3 Min. berechnet. Fern- und besonders Auslandsgespräche von Hotels aus werden oft astronomisch teuer abgerechnet. Für eine kurze Nachricht nach Übersee ist ein Telegramm (ebenfalls teuer, oft kommt nichts oder nur Rabulistik an) besser ein FAX, oder ein kurzes Telex (am besten von einem vertrauenswürdigen Hotel oder Reisebüro aus) am billigsten.

Selbstvermittelte Ferngespräche funktionieren meist nur vom Hotel aus, bzw. von den öffentlichen Fernsprechstellen, den sog. *Casetas de larga Distancia*. Nicht aber von den öffentl. Zellenhäuschen. Der Selbstwählverkehr wird sich aber in nächster Zeit verbessern, so daß möglicherweise auch von normalen Zellen aus überregional telephoniert werden kann.

▪ Alternative bei internat. Gesprächen: Sich nach Angabe der Tel. Nr. von zuhause aus anrufen lassen (R-gespräche = *por cobrar*, gibt es nach der BRD nicht). Das Zurückrufen funktioniert auch von den Casetas de larga Distancia (die anrufbar sind) aus, und ist dann um mind. 50% preiswerter, als wenn man selbst in Europa anruft.

Ortsgespräche von der öffentlichen Zelle kosten ca. 10 Pf, in Mexiko-City sind Ortsgespräche kostenlos.

Inland-Ferngespräche werden billiger, wenn man sie - statt vom Hotel aus - von den sog. *Casetas de larga distancia, vgl. oben* aus führt. Adressen und Öffnungszeiten dem örtlichen Telefonbuch entnehmen (auch das Touristenbüro informiert). Casetas oft an zentralen Stellen im Ortszentrum, in Mexiko-City z.B. bei: Sunborn's-Restaurant am Paseo de la Reforma, neben Sheraton Hotel, in Merida: Nähe Zocalo, Ecke Calle 59 & 62. Selbstgewählte Ferngespräche von öffentl. Zellen sind nur ganz selten möglich, praktisch immer muß man zunächst die nationale Vermittlung anrufen, vgl. unten.

▪ Internationale Ferngespräche 09 - Vermittlung spricht Englisch. Selbstwahl: 98 (BRD z.B. 9849, CH: 9841, A: 9843. Vermittlung für nationale Ferngespräche 02. Selbstwahl, nur von Casetas oder Privatapparaten: 91. Notruf 07, Polizei 06. Auskunft in Mexiko-Stadt: 04.

Der böse Yankee

Auch nach der starken Zunahme des Mexiko-Tourismus aus Mitteleuropa, die besonders seit der wirtschaftlichen Normalisierung ab 1989 zu bemerken ist, kommen nach wie vor fast 90% der Mexiko-Touristen aus den USA. Und das Verhältnis zum großen Nachbarn im Norden ist seit jeher gespannt. Das hat natürlich historische Gründe (vgl. Literaturhinweise, bzw. Stichwort gringo), aber auch aktuelle. Vor allem wird der Stolz der Mexikaner nicht so leicht mit dem ökonomischen Gefälle zwischen den USA und Mexiko fertig. Dazu kommt ein in den letzten Jahren permanent gestiegener Unmut der US-Behörden gegen Einwanderer und Händler aus Mexiko, denen - bisweilen nicht zu Unrecht - Verbindungen zum Rauschgifthandel und zur organisierten Kriminalität unterstellt werden. Mexiko ist eines der wichtigsten Länder im Rauschgifthandel zwischen Nord- und Südamerika.

Die USA mögen ihr Verhältnis zum Nachbarn im Süden oft ungeschickt gesteuert haben, für die Mexikaner sind die USA nicht an Vielem, sondern an fast Allem schuld. Gewöhnen sie sich daran, daß Sie als Gringo *und, noch schlimmer, als* US-Gringo *gesehen und behandelt werden. Dies geschieht bis zum Beweis des Gegenteils, das kann man am einfachsten mit Sprachkenntnissen und mit direkter, auch ungefragter Preisgabe seiner Nationalität - oft wird dann noch überraschend ein Zimmer frei, oder es ist eben doch eine gute Auskunft mehr zu bekommen.*

Natürlich funktioniert das 'Sündenbock-Prinzip' auch und gerade im stolzen Mexiko: Die Schuld an der andauernden Wirtschaftsmisere sucht man allgemein bei den Reichen und bei den Ausländern, im Besonderen bei den US-Amerikanern. Zwar soll der Tourismus helfen, das Devisenloch zu stopfen, aber Gringos sind zu Zeiten wirtschaftlicher Depression noch weniger gelitten als sonst. Die vielgepriesene Gastfreundschaft der Mexikaner, wird immer wieder bedrängt von einer gnadenlosen Geschäftstüchtigkeit, im schlimmsten Falle von einer Feindseligkeit, die der Fremde da und dort zu spüren bekommen kann. Die Enttäuschung über den verpufften Aufschwung, der die Reichen reicher und die Armen noch hoffnungsloser werden ließ, bemerkt man - mehr oder weniger offen - allerorten, besonders in den Städten.

Die Polizeipräsens in Mexiko-City und in anderen Großstädten - schwerbewaffnete Privatpolizisten vor Supermärkten, Polizisten vor jeder Bank - sagt über die soziale Lage breiter Schichten mehr als viel Worte. Also: Gut auf seine Sachen aufpassen. Spanischkenntnisse sind wichtig, helfen aber natürlich auch nicht immer. Wie bereits an anderer Stelle erwähnt, sind die Überfälle nicht mehr so dreist wie in den Zeiten der ärgsten Wirtschaftsmisere, in den Jahren nach dem Erdbeben, also 86-87, wo auch Busse (bevorzugt natürlich 1. Kl.) gekapert und die Passagiere gnadenlos abkassiert wurden, incl. Schmuck, Foto etc . . ., aber man sollte nie seine natürliche Vorsicht vergessen.

Trotz Spannungen - deren Auftreten man natürlich auch nicht generalisieren kann - steht Mexiko zu Beginn der 90er Jahre vor einem neuen touristischen Boom. Es gilt als eines der begehrtesten Ziele im karibischen Raum. Die Hotel- und Transportkapazitäten sind mittlerweile so ausgebaut und perfektioniert, daß auch große Gruppen problemlos durch's Land geschleust werden können. Die berühmten Bauwerke und archäologischen Zonen aus der vorkolonialen Zeit haben nichts von ihrer Attraktion eingebüßt, viele sind nun jedoch noch leichter zu erreichen, bei einigen läßt sich's angenehm übernachten, problemlose Fixpunkte für jeden Tourenschneider. Schließlich bietet Mexikos mannigfaltige Natur eine einzigartig konzentrierte Vielfalt: von Wüste über tropischen Regenwald, bis hin zu alpinen Regionen, alles kompakt beieinande. Mexikos natürlicher Reichtum ist so überwältigend und so prall, daß selbst beim derzeitigen gnadenlosen Raubbau noch ein paar Generationen davon profitieren werden . . .

F.U.T.V.
TAXI 29 Tel. 2-00-66.
ISLA MUJERES Q. ROO.

Verkehr im Land

Faustregel: In Mexiko größere Strecken (ab ca. 500 km) fliegen, darunter mit dem Bus. Das Eisenbahnnetz ist nur wenig ausgebaut und praktisch immer langsamer als der 1. Kl. Bus. Aeromexico und Mexicana gewähren bei Vorlage eines internationalen Tickets diverse Rabatte auf Inlandflüge. Es gibt auch immer wieder besondere Vergünstigungen und Pauschalarrangements für Inlandflüge, deren Konditionen sich aber oft ändern. Verläßliche Aussagen sind hier deshalb nicht möglich. Deshalb vor Ort (oder beriets im Europa-Büro von Aeromexico in Paris) anfragen, zu welchen Bedingungen, derzeit was genau zu haben ist.

Die staatl. Linie *Aeromexico* befindet sich - nach drohendem Konkurs 1988 - seit 1989 in einer Um- und Neustrukturierung, die besonders einzelne Inlandlinien und die Adressen von Niederlassungen betrifft. Derzeit gibt es kein BRD-Büro mehr, das Büro in Paris versorgt die Bundesrepublik.

Aeromexico
12, Rue Auber
F-75009 Paris
Tel: (aus der BRD) 0033-1-47424075

Mexicana
35 A Byng Road
Barnet Hearts
EN4 5 NW London
Tel: 0044-1-4407830, FAX:4495504

▪ Sehr hilfreich ist es das gemeinsame Inlandflugheft (von der Aeromexico und der Mexicana, mit allen aktuellen Tarifen, aktuellen Abflugzeiten und den Adressen aller Niederlassungen im Land und international). Möglichst noch vor Reiseantritt anfordern.

Aktuelle Tarifliste und Frequenz wichtiger Inland-Verbindungen sind auch beim mex. Verkehrsamt in Frankfurt zu bekommen.

Entfernungen, Reisezeiten und Anstrengungen auf Reisen werden in Mittelamerika meist unterschätzt. Entfernungen über 1000 km sind ja keine Seltenheit bei Mittelamerikaetappen, wer diese Distanzen bequem zurücklegen möchte, muß fliegen - oder ein ausgeprägtes Faible für Lokalkolorit haben. Andererseits sieht man nur auf Busfahrten ins Land hinein, am meisten sieht man natürlich auf Fahrten mit den einfachen 2. Klasse-*Hühnerbussen*, die aber auch ganz schön nerven können. Jeder muß hier eben seinen eigenen Reisestil entwickeln.

F l u g z e u g : Mexiko verfügt über ein ausgezeichnetes und dichtes Inlandflugnetz, das im wesentlichen von den beiden überregional bedeutenden Gesellschaften gebildet wird: der - mehr oder weniger - staatlichen *Aeromexico* und der privaten *Mexicana*, außerdem einige regionale Linien, wie z.B. die in Yukatan wichtige *Aerocaribe*. Mexicana wird von alten Hasen wegen des manchmal effizienteren Service vorgezogen. Aeromexico hat sich nach drohendem Konkurs in den letzten Jahren wieder verbessert und unterhält auch das dichtere Inlandflugnetz. Die Preise beider Gesellschaften sind gleich. Die Pünktlichkeit bei beiden Gesellschaften ist gering, nie zu knappe Anschlüsse planen.

▪ Achtung: Bei internationalen Abflügen ist eine Flughafengebühr zu entrichten, derzeit ca. 10 US $. Bei allen nationalen Flügen ca. 9000 Pesos.

Buchung/Reservierung: Wie bereist erwähnt, können alle Inlandflüge bei Aeromexiko in Prais schon vor Reiseantritt reserviert werden. Computerbuchungen brauchen nicht mehr reconfirmt (bestätigt) zu werden. Spätestens aber aber bei Reisebeginn in Mexiko sollte man sich sein Flugpaket zusammenstellen. Da es sich um Linienflüge handelt, kann man ja jederzeit im Rahmen der verfügbaren Plätze umbuchen. Die Angestellten der Fluggesellschaften beraten meist recht gut, wenn man nicht gerade zu den Stoßzeiten kommt. Am besten nur Flüge am Stück buchen, weil nur der jeweils weiteste Flug bezahlt wird und Flugunterbrechungen kostenlos (oder gegen eine geringe Umweggebühr) sind. Wer z.B. Mexico-City - Cancun bucht, kann in Villahermosa und Merida kostenlos unterbrechen.

B u s : Busse sind das Haupttransportmittel in Mexiko. Das Busnetz ist dicht und meist effizient. Die Leistungen werden von Privatgesellschaften erbracht, auf wichtigen Strecken konkurrieren oft mehrere Linien miteinander, meist häufige Verbindungen auf Überlandstrecken. Die Fahrpreise sind ausgesprochen niedrig. 500 km 1. Klasse kosten ca. 25 Mark. Das mexikanische Verkehrsamt versendet eine Liste mit unterschiedlich aktuellen Buspreisen für die wichtigsten Strecken im Land.

2.Kl. Busse sind unklimatisiert, halten häufig und können oft (nicht immer) auch unterwegs angehalten werden, viel Folklore auf diesen Fahrten, aber auch viel Streß, für längere Strecken nur mit Vorbehalten zu empfehlen. 2.Kl. Busse sind nochmals ein Drittel oder bis zur Hälfte billiger als 1. Kl.

1. Kl. Busse haben immer numerierte Sitze, die Karten müssen im Voraus gelöst werden (vereinzelt gibt es schon flugzeugähnliche Computer-Reservierungen, Karten entweder direkt beim 1 Kl. Busbahnhof, oder bei den Niederlassungen der Gesellschaften im Zentrum). Oft verkehren die schnellen 1. Kl. Busse nur im Punkt zu Punkt Verkehr, halten also unterwegs nicht, bzw. nur an einem Restaurant zur Erfrischung. Meist komfortable Geräte, mit getönten Scheiben, guten Sitzen, fast immer mit Klimaanlage, die auch manchmal funktioniert.

Die größeren 1. Kl. Busbahnhöfe sind - entsprechend ihrer Bedeutung - oft eine kleine Welt für sich. Poststation, sanitäre Einrichtungen, Kioske, Hotelreservierungsschalter erleichtern das Reisen.

▪ Wichtig: 1. und 2. Kl. Busbahnhöfe sind fast immer getrennt, oft sind auch die Bahnhöfe verschiedener Gesellschaften getrennt. Die großen Gesellschaften haben neben dem Schalter am Busbahnhof häufig auch Schalter downtown in der Stadt. Einzelne Städte haben aber nun vermehrt auch zentrale Busbahnhöfe (oder bauen solche), oft außerhalb, mit Sammeltaxianschluß ans Zentrum.

Eine der wichtigsten Gesellschaften, die ein breites Überland-Streckennetz im Geltungsbereich dieses Buches unterhält ist *ADO*

= *Autobuses del Oriente*. Auch die ADO haben oft eigene Abfahrtstellen, die nicht mit denen der lokalen 2. Kl. Busbahnhöfe identisch sind.

Die Tickets für die 1. Klasse Busfahrten müssen praktisch immer im Voraus gekauft werden. Sie sind auf numerierte Sitze ausgestellt, garantieren also auch einen reservierten Sitzplatz

2. Kl. Tickets können meist (aber nicht immer) vor Ort gekauft werden, bzw. man bezahlt beim Zusteigen. Selten bekommt man in der 2. Kl. einen festen Sitzplatz.

Der vielzitierte verwegene Fahrstil mexikanischer Busfahrer gehört eher ins Reich der Touristenlegenden. Es wird natürlich zügig und forsch gefahren, auch risikofreudiger als bei uns, bis auf die wenigen leider berühmten Ausnahmen braucht man aber keine Angst zu haben.

B a h n : Bahnverbindungen spielen in Mexiko, wie in ganz Mittelamerika eine untergeordnete Rolle im Personenverkehr, die Fahrzeiten sind zudem oft länger als bei Busreisen, die Preise sind ähnlich günstig. Der Komfort ist mit Ausnahme der 1. Kl. Züge mit Schlafwagen ist sehr niedrig.

Es gibt ein paar für Touristen interessante Strecken, die im Ortstext erwähnt werden, hier eine Übersicht:

1. Die Paradestrecke *Chihuahua - Los Mochis* im Norden des Landes, die ja außerhalb des Gebietes dieses Führers liegt. Brauchbare reisepraktische Informationen finden Sie z.B. im DuMont Band Richtig-Reisen Mexiko oder im South American Handbook.

Nur ein geringer Teil der Trasse führt durch die atemberaubende Landschaft hoch über dem berühmten *Kupfercañon*, dem *Barranca del Cobre*. In vielen Schilderungen wird um die Tour aber mehr Wirbel gemacht, als es der Sache angemessen wäre. Auch das mexikanische Verkehrsamt versendet spezielle Unterlagen zu dieser Tour. Schönste Sicht bei der Fahrt von Los Mochis nach Chihuahua (also in umgekehrter Richtung), rechts in Fahrrichtung sitzen!

2. Einige Städte am Gringo-Trail: Oaxaca - Palenque - Merida - kann man auch per Bahn erreichen. Komfortabel und durchaus eine Alternative zur Busanreise ist die Strecke Mexiko-City - Oaxaca, in der 1. Kl., hier auch angenehme Nachtzüge mit Schlafkabinen.

Interessant, aber mühsam die Verbindung Palenque - Merida, s. dort (Vorsicht auf dieser Strecke vor Dieben!).

▪ Für 1. Kl. Züge ist Kartenreservierung erforderlich, in Mexico-City beim Terminal *Terminal de Ferrocarriles Nacionales de Mexico*, bekannt aber unter dem Namen *Estacion Buena Vista*, der Bahnhof liegt etwas außerhalb. Anfahrt siehe Mexico-City, Verbindungen.

Wirtschaft

"Eigentlich müßten wir schon längst untergegangen sein". 100% Inflation und 100% Korruption, das sind die Eckdaten der mexikanischen Wirtschaft, die sich in der Mitte der 80er Jahre in einer schier ausweglosen Situation befunden hat: über 90 Milliarden $ Auslandsschulden (das war soviel wie der gesamte Ostblock), 50% Arbeitslosigkeit. Dann wurde - wieder mal in letzter Minute - Ende der 80er durch eine Umschuldungsaktion der internationalen Gläubigerbanken zunächst eine Atempause erreicht, die auch tatsächlich zu einer gewissen Konsolidierung der Finanzlage und zur Stabilisierung der Großwirtschaft geführt hat. Damit natürlich auch zu einer noch größeren Abhänigkeit vom Hauptgläubiger USA, der es vortrefflich versteht, Mexiko zu einem verfügbaren Reservoir, zu einem rohstoff- und arbeitskräftereichen Hinterhof abzurichten, auf dem beliebig rangiert werden kann.

Die zaghafte Erholung der Finanzen wurde im Februar 1990 nochmals mit einem Schuldenerlaß von insgesamt 42 Milliarden US $, an dem 450 internationale Banken beteiligt waren, honoriert; federführend war der US-Finanzminister Brady. Der zwar betonte daß hiermit "eine Bürde vom Rücken des mexikanischen Volkes" genommen sei. Er vergaß freilich die kürzere Leine, an der nun getanzt werden darf.Dennoch sieht man auch hierbei die alte Tatsache bestätigt, daß Schuldner ab einer gewissen Größe, durchaus eine auch den Banken gefährlich werdende Macht repräsentieren. Die 42 Milliarden entsprachen nämlich dem gesamten Tilgungsvolumen Mexikos von 3 Jahren - ein Entgegenkommen, mit dem kaum ein Privatkunde rechen kann. Hätten die Banken nicht gestundet, so hätte Mexiko nur 65 % der Schuldsumme neu finanzieren können.

So steht Mexiko heute, zu Beginn der 90er Jahre, nicht mehr ganz so hoffnungslos da. Ob durch die ständigen Finanzkunststücke der Großbanken allerdings die Ursachen der mexikanischen Misere gelöst werden können, ist doch sehr zweifelhaft. Tatsache bleibt, daß Mexiko ohne Großkredite längst zahlungsunfähig wäre, somit also - wie viele andere Schwellenländern - praktisch von den westlichen Großbanken abhängig bleibt.

Dabei waren die riesigen Ölvorkommen auf dem Festland z.B. um Villahermosa und im Golf von Mexiko einmal die große Hoffnung. Seit Anfang der 70er Jahre wurde die Förderung systematisch erhöht, und Mitte der 70er Jahre war Mexiko einmal der viertgrößte Ölproduzent der Welt, der größte der westlichen, kapitalistischen Welt. Ehrgeizige Industrialisierungsprogramme wurden begonnen, besonders der Ausbau der Stahl- und petrochemischen Industrie wurde forciert. Die Landwirtschaft blieb vernachlässigt. Viele Projekte waren von Anfang an zu groß angelegt. Weltwirtschaftskrise und unvorstellbare Schlamperei und Korruption bei dem staatlichen Ölmulti Pemex gingen zusammen. Zunächst war die Pemex nicht bereit, auf das Überangebot und die sinkenden Preise zu reagieren, dies führte zur Halbierung der Ölexporte, erst nach einer verspäteten Anpassung der Preise stieg der Export wieder etwas, ohne frühere Dimensionen zu erreichen. So wurde der dringend notwendige U-Bahnausbau in Mexico-City lange Zeit verzögert und kam erst durch die Vergabe der Fußball WM 1986 wieder einigermaßen in Gang.

Nach wie vor ruhen Mexikos Hoffnungen auf den Bodenschätzen des Landes und - riesiges Problem und Chance zugleich - auf der extrem jungen Bevölkerungsstruktur mit einem Heer von Arbeitskräften. Natürlich auch auf den immer noch erheblichen Erdölvorkommen. Aber der Feststellung eines früheren Pemex-Chefs ist auch heute nichts anzufügen: "Es dauert lange bis aus einem Faß Öl ein Stück Brot für die Armen wird."

Zeit

Mexiko ist in drei Zeitzonen unterteilt: Im größten Teil des Landes gilt die *Hora del Centro*: 7 Stunden früher als MEZ (im gesamten Ostmexiko und im Landessüden).

Im Nordwesten: *Hora de Montaña*, 8 Stunden früher, oder *Hora del Pacifico*, 9 Stunden früher (wird aber nicht immer eingehalten).

Im angrenzenden Guatemala und in Belize gilt die *Hora del Centro*, also 7 Stunden vor MEZ.

Zeitung

Eine gute Tageszeitung in Mexiko ist *Uno mas uno*, die Sonntagsausgabe erscheint mit der Beilage *Tiempo Libre,* in dieser Beilage eine Übersicht über Theater, Konzerte, Kino etc.

Die kostenlosen Anzeigenmagazine *This week - Esta semana* und *The Gazer* gibt's in Mexico-City in großen Hotels und bei Reisebüros, sie bringen viele Adressen und Hotelpreise, aber keinen erwähnenswerten redaktionellen Teil. Wer's garnicht lassen kann: den Spiegel gibt's ab Donnerstag an einem Kiosk der Av. Juárez, zwischen Reforma und Alameda-Park oder auf den internationalen Flugplätzen.

Zocalo

Zocalo = der Sockel, so heißt der Hauptplatz in den meisten Städten in Mexiko. Manchmal ist auch die Bezeichnung Plaza Mayor üblich (z.B. in Campeche). In Guatemala sagt man dagegen zum zentralen Platz häufig Parque Central.

Die Bedeutung des Zocalo für das städtische Leben ist groß, meist konzentrieren sich wichtige Büros, Haltestellen, Geschäfte, Cafes und oft auch das Auskunftsbüro Turismo um den Zocalo. Abends finden Veranstaltungen, allabendlich die klassisch südländische Flanierstunde, der Paseo statt. In einer fremden Stadt sucht man deshalb zuallererst den Zocalo, von hier wird dann die Stadt entdeckt.

Eine Ausnahme bildet M e x i c o - C i t y , hier haben das neuere Touristen- und Geschäftszentrum, die *Zona Rosa* und die Prachtstraße *Paseo de la Reforma* die zentrale Funktion des Zocalo zwar nicht ganz verdrängt, aber doch geschmälert.

Zoll

Die Ausfuhr von Antiquitäten und archäologischen Gegenständen ist grundsätzlich verboten. Devisenbeschränkungen bestehen nicht. Zur notwendigen Touristenkarte vgl. auch unter 'Einreise'.

■ Achtung: Neu eingeführt wurde eine Flughafensteuer, zum Flugpreis bezahlt man in Mexiko Anfang 1990 ca. 10 US $ Steuer pro internationalem Flug - zur Abreise also nicht mit ganz leeren Taschen antreten.

Foto: Romualdo Garcia, aufgenommen zw. 1905 - 14 in Guanajuato.

Mexico-City

Größtes Ballungsgebiet der Welt, mit über 20 Millionen Einwohnern. Jährliche Zunahme ca. 700 000 Einwohner. 2 240 Meter hoch gelegen.

Für viele ist Mexico-City der Ausgangspunkt ihrer Tour - oft auch der erste und nachhaltigste Schock. Die Riesenmetropole wirkt zunächst einmal erdrückend. Dabei ist das eigentliche, engere Stadtzentrum jedoch recht kompakt, so daß schon nach kurzer Zeit Vertrautheit aufkommt. Bei aller Faszination, die von der Metropole ausgeht: Mexico-City ist ein Moloch: hektisch, laut, mit einer unbeschreiblichen Luft.

Gleich, wie man plant, - nach ein paar Tagen gibt es nur noch den einen Gedanken: Raus hier!

Downtown, am Zocalo

Zuerst einmal, wie reinkommen?

Wenn Sie per Flugzeug ankommen, finden Sie in der Eingangshalle des Flughafens einen Schalter *Hotel Reservacion* (nur nachmittags bis nachts geöffnet). Jedes von Ihnen angegebene Hotel wird von hier angerufen und ggf. reserviert. Bei Buchung muß eine Nacht im voraus bezahlt werden. Dieser Service erspart ermüdende Sucherei in der hektischen Stadt. Ähnliche Schalter auf den Busbahnhöfen.

An den Kiosken vor dem Flugplatz gibt es Taxikarten zu Festpreisen (u.a. zum Zocalo-Innestadt). Tafeln an den Verkaufsstellen zeigen Entfernungen und Preise in die Innenstadt - Betrug ist also fast ausgeschlossen. Diese Ticketkioske gibt es auch wieder bei den großen Busbahnhöfen (vgl. unter 'Verkehr').

U-Bahn: Flughafengebäude links verlassen, mit Linie 5 Richtung El Rosario, umsteigen bei La Raza, vgl. Plan. Manchmal, aber nur außerhalb der Stoßzeiten, kommt man auch mit großem Gepäck und Rucksack durch die Kontrolle. Vor dem Flughafengebäude stehen VW-Bus Sammeltaxis (*Setta*, Tickets in der Flughafenhalle, billig). Die Sammeltaxis fahren zu jedem gewünschten Hotel. Einzeltaxi in die Stadt ca. 10 Mark.

Erste Orientierung

Die gesamte Stadt ist in sog. *Zonas* aufgeteilt. Alle Zonas sind numeriert. Viele für Touristen wichtige Hotels, Geschäfte und Büros liegen in der *Zona Rosa* = Zona 1. Die Zona Rosa ist der eleganteste, sicherste und teuerste Stadtteil. Vieles läßt sich zu Fuß von hier aus erledigen. Die Verwüstungen des Erbebens vom September 1985 sind weitgehend behoben, trotzdem haben sich viele Adressen in der Zona Rosa geändert.

Zwei wichtige Hauptstraßen sollten Sie sich merken: Die Insurgentes, sie durchläuft die Stadt von N-S, und die Prachtstraße Paseo de la Reforma, sie verläuft in W-O-Richtung. Beide Straßen kreuzen sich am östlichen Ende der Zona Rosa. An der Reforma liegen die meisten Büros, Agenturen, Kaufhäuser etc. Eine weitere Orientierungshilfe ist die sog. *Eje Central*, die Zentralachse (Straßenname: Lazaro Cardenas) verläuft vom Busterminal Norte zum Terminal Sur. An ihr liegen der markante, auch als Orientierungspunkt geeignete *Torre Latinoamericano* (vom Dachrestaurant gute Aussicht zur ersten Groborientierung), die Hauptpost und der Verkehrsknoten Plaza de la Tres Cultures.

Mexiko-City praktisch

Wer seine Reise in Mexico-City beginnt, sollte am Anfang kurz treten. Die ungewohnte Höhe (2 300 m !), Lärm, schlechte Luft, an einigen Stellen mit 100-facher Überschreitung der Verschmutzungsgrenzen!! und ungewohntes Essen belasten den Körper und schränken die Aufnahmefähigkeit ein. Also: Weniger ist oft mehr!

Ein paar Kleinigkeiten erleichtern den Start: Also möglichst nicht ohne reserviertes Zimmer und mit schweren Gepäck in die Stadt einreisen! Meiden Sie die meist amerikanischen Hotelketten, wie Holiday Inn, Viva, El Presidente: teuer, sterile Umgebung, viele Reisegruppen (es sei denn man bucht eine Nacht preiswert über die Agentur, die einem das Flugticket verkauft hat). Zimmer in Billigherbergen bekommt man praktisch immer noch vor Ort.

Fast alle Taxifahrer am Flugplatz bekommen von bestimmten Hotels Prozente, man muß also sehr bestimmt auf sein Hotel hinweisen, sonst landet man unweigerlich im Vertragshotel des Taxifahrers - diese Hotels müssen natürlich nicht zwangsläufig schlecht sein.

▪ Unterkunft

Nachdem die Erdbebenschäden von 1985 weitgehend behoben sind, gibt es wieder eine große Auswahl an vernünftigen Hotels, so daß auch an zentralen Adressen zu vernünftigen Preisen kein Mangel ist. Speziell in der von Touristen viel besuchten Zona Rosa, um die U-Bahnstation Insurgentes und entlang der Av. Juarez.

Nach wie vor gibt es überraschende Preisunterschiede zwischen Hotels derselben Kategorie. Dies wird von Einheimischen auch damit erklärt, daß einzelne Hotels nach dem Erdbeben nur provisorisch renoviert wurden und - mehr oder weniger - illegal wiedereröffnet wurden.

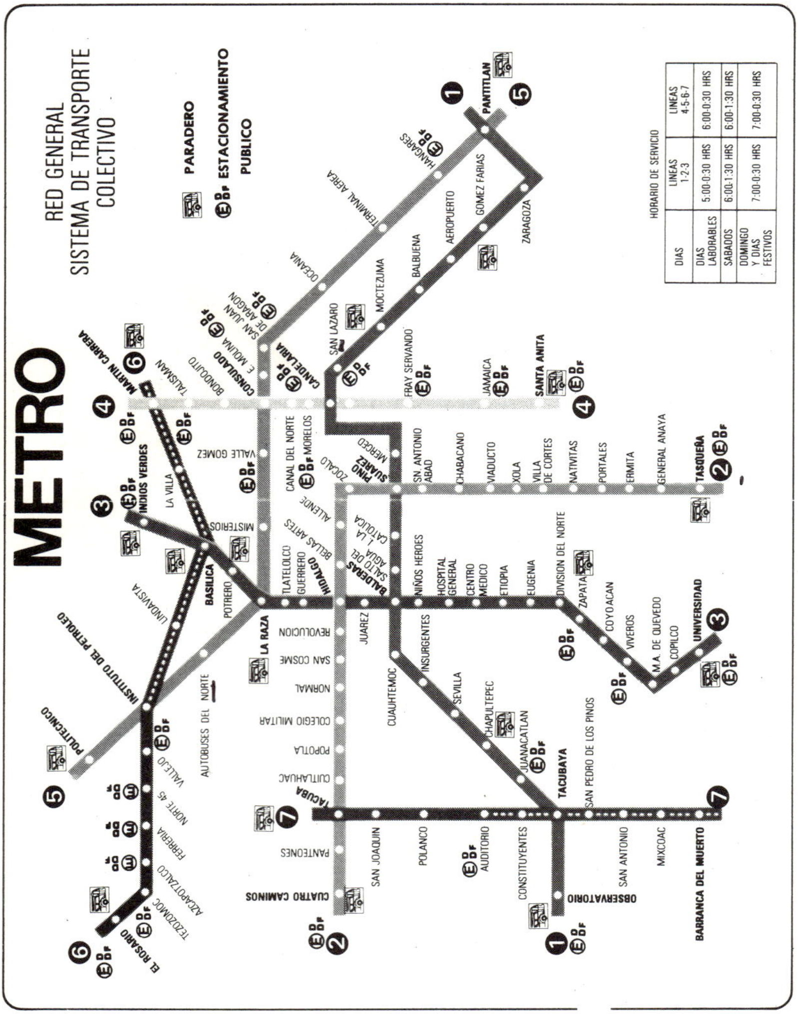

Generro

Ankunder, die
Stufe nin
2x 1. rechts

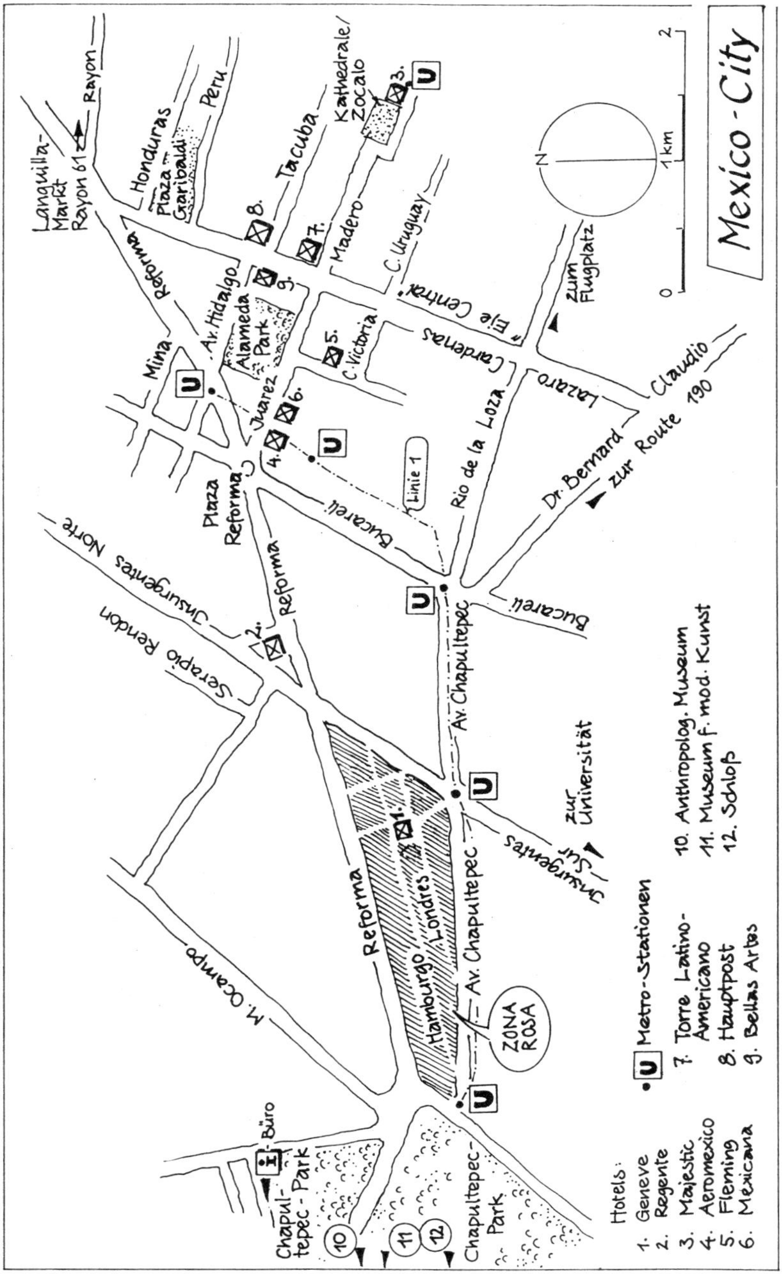
Mexico-City
0
1 km
2
N
Hotels:
1. Geneve
2. Regente
3. Majestic
4. Aeromexico
5. Fleming
6. Mexicana
7. Torre Latino-Americano
8. Hauptpost
9. Bellas Artes
10. Anthropolog. Museum
11. Museum f. mod. Kunst
12. Schloß
U Metro-Stationen
Chapultepec-Park
Chapultepec-Park
Büro
ZONA ROSA
Hamburgo
Londres
Av. Chapultepec
Reforma
M. Ocampo
Serapio Rendon
Insurgentes Norte
Insurgentes Sur
zur Universität
Bucareli
Plaza Reforma
Juarez
Av. Hidalgo
Alameda Park
Mina
Linie 1
Rio de la Loza
Dr. Bernard
zur Route 190
Lazaro
Claudio
Cardenas
Eje Central
zum Flugplatz
C. Victoria
C. Uruguay
Madero
Tacuba
Kathedrale/Zocalo
Peru
Honduras
Plaza Garibaldi
Languilla-Markt
Rayon 61
Rayon

Preiswert nahe der Zona Rosa

Hotel Regente*-**, Avenida Paris 9. Tel. (5)-566 8933. Zentral, solide und seit Jahren ein gutes Haus, viel von Mexikanern besucht, Garage ohne Aufpreis. Mit Reisebüroschalter, Flugreservierung etc.

Hotel Fleming*, Calle Revillagigedo 35, Tel. 510 4530. Für den Preis ein sehr gutes Hotel, schon seit Jahren empfehlenswert, freundlich, beim Alameda Park, U-Bahn Station Juarez, also sehr zentral, sowohl zur Zona Rosa als auch zum Zocalo, bzw. downtown. (vgl. Plan), Restaurant aber eher mäßig.

Auf der anderen Seite des Alameda Parks: Hotel des Cortes**, Hidalgo 85. Angenehme Atmo in altem Haus mit Patio.

Hotel Palace*-**, Ignazio Ramirez (bei der Plaza Republica, östl. Zona Rosa), mit abgeschl. Garage, Reiseagentur, Safe-Boxen für Wertsachen. Ohne großen Charme, aber funktional. Gutes Hotelrestaurant, nebenan eine Filiale der VIP-Restaurant-Kette.

Plaza Madrid**-***, Calle Madrid, komfortabel nahe der Zona Rosa. Relativ teuer, aber sehr komfortabel.

Preiswert und gut: Hotel Uxmal*, Madrid 13, Tel. 566 7044. Noch preiswerter, einfach: Hotel Paris*.

In der Zona Rosa

Hotel Geneve**, Londres 140, Tel. 525 1500. Früher einmal das Mittelklasse-Touristenhotel, heute in der Hochsaison recht überlaufen und nur mit Vorbehalten zu empfehlen, mit dem üblichen 'Zona Rosa'-Aufschlag. Schöne Eingangshalle mit Läden, dort auch engl. Reiseliteratur und Karten.

(Hotel Montejo**, Reforma 240, Tel. 511 9840. Absolut zentral, in einem alten Kolonialgebäude. Erdbebenschäden noch nicht behoben, Renovierung ungewiß. Zona Rosa.)

Um den Zocalo

Downtown im Bereich um den Zocalo, liegt das zweite, das alte Stadtzentrum. Dort zahlreiche Hotels, die meist billiger als die im Nobelviertel Zona Rosa sind.

Hotel Majestic**, Avenida Madero 73 am Zocalo, Tel. 521 8600. Schönes Hotel der 'Best Western-Kette', direkt im Zentrum der Altstadt, vom legendären Dachrestaurant tolle Sicht, besonders am Abend auf den beleuchteten Zocalo und die Kathedrale. Zimmer zum ruhigen Patio nehmen. Herrlich das Frühstück auf der Dachterrasse. Kann über 'Unitell Frankfurt', bzw. das 'Best Western' Reservierungssystem vorgebucht werden (funktioniert meist zuverlässig), das machen freundliche Reisebüros oder auch Fluggesellschaften. Preiswerter Essen als im Majestic Restaurant: Um die Ecke im Restaurant Le Cardinal (mögl. vorbest.).

Hotel Isabel*, Calle Isabel La Catolica 63 (südl. d. Zocalo, nahe der gleichnamigen Metro-Station, Linie 1). Schönes altes Kolonialgebäude, einfach, aber gut geführt, relativ ruhig. Meist große Zimmer mit Dusche, in der unteren Preisklasse wirklich guter Gegenwert.

Ganz preiswert am Zocalo wohnt man im Rioja*, 5 de Mayo, Nr. 45 (Metro Zocalo), viel Vertreter und Traveller als Publikum. Zimmer gehen nach innen, deshalb ruhig.

Ebenfalls preiswert: Hotel Roble*, Calle Uruguay (ein Block vom Zocalo). Recht ruhig.

Preiswert ca. 10 min zu Fuß vom Zocalo: Hotel Habana*, Republica de Cuba 77, Tel: 518 1589. Zimmer auch hier nach innen rel. ruhig.

Gut geeignet für Autofahrer ist das La Paz*, Mina 141, einfach, reell, mit Garagen, 15 Gehminuten zum Zocalo, 5 zum Alameda Park.

Hotel del Prado***, Av. Juarez 70, Tel. 518 0040. Zwar ein Kettenhotel, aber sehr günstig gelegen. Viel Luxus für nicht allzuviel Geld. Alle Hotels der 'Presidente-Kette' können auch von hier aus vorreserviert werden, es gibt dann einen günstigen Sondertarif.

▪ Viele preiswerte Hotels liegen um die Zentralachse *Lazaro Cardenas* (vgl. Plan), südlich der Linie Av. Juarez - Zocalo: Z.B.: Capitol*.

▪ Die Herberge des staatl. mexikanischen Studentenverbandes 'Setej', jugendherbergsähnlich: Calle Hamburgo 273, Zona Rosa, Tel. 514 4213, Studentenausweis erforderlich.

Jugendherberge: Cozumel 57, Metro 1, Station Sevilla. Ende '89 überteuert und (nach Ausscheiden des alten Wirtes) in schlechtem Zustand. Die mex. Jugendherbergsorganisation heißt *CREA*. Information und Ausweise über die Häuser im Land beim Studentenverband Setj, vgl. oben.

▪ Essen

Es gibt eine Menge wirklich guter und preiswerter Restaurants in der Stadt, so daß Empfehlungen kaum nötig sind. Am Anfang Vorsicht vor ungewohnten Speisen in einfachen Garküchen: Gute saubere Restaurants in praktisch jeder Preisklasse gibt's besonders zahlreich in der Zona Rosa. Erwarten Sie in der Zona Rosa, 'Mexikos Drosselgass', aber kein originelles Ambiente. Besonders in der Calle Copenhagen viele nette, reelle und gepflegte Lokale ohne Autolärm, mit Tischen im Freien. Es gibt auch zahlreiche Restaurants der bekannten amerikanischen Ketten, z.B. Sunborn's, (allgemein gut, mit Comida Corrida) und Shirley's: Diese Häuser haben zwar wenig mit mexikanischer Küche zu tun, bieten aber preiswertes und hygienisch einwandfreies Essen, effizienter Service, also am Anfang ganz gut.

▪ *Vielen Sunborn's ist eine Art Drugstore angeschlossen, auch sonntags geöffnet. Besonders gut das Sunborn's in der historischen 'Casa de los Azulejos', Av. Madero, Nähe Torre Latinoamericana. Ebenso das Shirley's an der Reforma 110. Gut auch die V.I.P.-Kette, viel Geschäftsleute, viele Filialen in der Zona Rosa, auch in anderen Städten. VIPS in Mex.-City 24 h geöffnet.*

Die wichtigste K n e i p e n s t r a ß e in der Zona Rosa ist die *Calle Copenhague*. Klassische Touristentreffs in der Zona Rosa:
Cafe Konditori, Genova 54, danish style; solide, aber nicht billig, mit Tischen im Freien: Chalet Suizo, Niza 37. Beide oft voll - aber informelle Plätze. Dann Don Don 88, Londres 136, ein guter Japaner, zentralst in der Zona Rosa.

Herrliches mexikanisches F r ü h s t ü c k : bei Delmonicos, Calle Londres, (nähe Hotel Geneve), Zona Rosa.

▪ D o w n t o w n , in der Av. 5. de Mayo, (zwischen Alameda Park und Zocalo) diverse Cafes, u.a.: Bar Opera, mit sehenswertem antikem Inventar, gut zum Cafe und relaxen, vergleichsweise ruhiges Ambiente mitten im downtown Gewusel (So. geschl.). Schlicht aber gut - auch zum einfachen Essen - das Cafe 5. de Mayo in der gleichen Straße. Ebenfalls originell das Cafe la Blanca, Eigenwerbung: "El comedor de la Gran familia Mexicana", genauso ist die Stimmung.

Und noch ein Klassiker in der Altstadt (seit 1912): Cafe Tacuba, bei der gleichnamigen Metro, von außen nicht sehr auffällig, innen aber ein reich geschmücktes Traditionsrestaurant mit gutem Essen.

Sehenswertes

Die folgenden Vorschläge sind wie die Tips später bei anderen Städten unter diesem Abschnitt, keineswegs vollständig. Es ist lediglich eine subjektive Auswahl an sehenswerten Dingen, die mir besonders gut gefallen haben und die vergleichsweise leicht zu erreichen, bzw. zu organisieren sind. Nochmals: Nicht zuviel vornehmen! Eine Stadtwanderung entlang der Reforma kann viel eindrucksvoller sein als die klassische 08/15 Stadtrundfahrt.

T r a n s p o r t   I n n e n s t a d t : Zur Erkundung der Stadt eignet sich neben den zahlreichen, aber - bis auf die unten angegebenen

Zentrumsbusse - oft verwirrend fahrende Busse, besonders die U-Bahn. Das U-Bahnsystem ist leicht zu durchschauen, Fahrpreis spottbillig, offiziell keine Rucksackbeförderung, kann aber manchmal umgangen werden! Zentrale Abfahrtsstelle in der Zona Rosa ist die Station Insurgentes am gleichnamigen Platz. Zu rush hour Zeiten im Wortsinne bedrückende Enge, bisweilen dreiste Diebstahlsversuche, keine Wertsachen!

Busse im Stadtzentrum: Auch Busse sind spottbillig. Fenster dürfen wegen des smog nicht mehr geöffnet werden. Die Beschilderung der Haltestellen ist mittlerweile recht übersichtlich, bei den Trolebussen ist meist die ganze Route angegeben, bei Bussen die Fahrtroute, Kleingeld unbedingt erforderlich. Die Anhaltegewohnheiten der Fahrer sind jedoch nicht einheitlich.

▪ Konstant: Jeder der gelben Busse mit der Aufschrift *Nr. 100* (die Busse dieser Gesellschaft heißen im Volksmund *ruta cien*) und der Linie Nr. 55 (an der Frontseite) fährt die wichtige Strecke entlang der Reforma bis zum Chapultepec Park, bzw. in die Gegenrichtung.

Die Nr. 76 der ruta cien fährt vom Zocalo über Av. Juarez die Reforma hinunter und zurück. Bus Nr. 17 fährt auf der gesamten Insurgentes Norte und Sur.

Ebenfalls nützlich: Busse *Expresso Reforma*, mit gelb-brauner Sonderlackierung. Diese Busse fahren Richtung Chapultepec, bei Aufschrift 'Zocalo', und in Gegenrichtung bei Aufschrift 'Auditorio'. Nicht aber bei Aufschrift 'Villa', diese Busse biegen vor dem Zocalo ab.

▪ *Anthropologisches Museum*, Museu Nacional de Anthropologica, in bestechend klarer Gliederung bietet das Museum einen ersten Überblick über die gesamte kulturelle Entwicklung des Landes. Sicher eines der sehenswertesten Museen der Welt. Mo geschl., Führungen in diversen Sprachen. Fotographierverbot nur während der Führungen und nur mit Blitzlicht!

Im Museum ein großer Kiosk, gutsortiert mit Reiseliteratur, Karten. Beim Museum ein Restaurant mit Tischen im erholsamen Grün. In der hektischen Stadt wirkt das ruhige und intakte Museum wie eine unwirkliche Insel im städtischen Getöse.

Anfahrt: Mit einem der Busse der Gesellschaft '100' ab Reforma, vgl. oben; U-Bahnstation Chapultepec, zu Fuß von der Zona Rosa ca. 20 Min.

▪ *Chapultepec-Park*, Naherholungsgebiet der Städter, diverse Museen, alle Mo geschl.; an Wochenenden ist der Park sehr belebt, er wird dann zum Picknickplatz einheimischer Großfamilien. Am meisten Betrieb ist am Sonntagmittag (So. freier Eintritt in die Museen), dann herrscht vor dem anthropologischen Museum fast volksfestartiger Betrieb, Folklore, u.a. mit fliegenden Tonotaken, vgl. Foto im Buch. Im Park ein kleiner See mit Booten, auf dem Hügel das Schloß des Kaisers Maximilian mit Originaleinrichtung, von dort schöner Blick auf die Stadt.

Im Park, gegenüber dem Anthropologischen Museum das *Museo de Arte Moderno*, wer später ins freie Land fährt, sieht hier, wie zeitgenössische Künstler ihr Land sehen. Die meisten Exponate (Bilder, Fotos, Skulpturen) stammen aus der Zeit nach 1980. Sehr lohnend zur Einstimmung, aber nur für Freunde moderner Kunst.

Der Chapultepec Park mit Anthropologischem Museum und Moderne Kunst Museum ist auch wegen der Nähe der Besuchspunkte ein ideales Tagesprogramm.

▪ *Zocalo*: Sockel, so heißt der Haupt- und Marktplatz vieler mexikanischen Orte. In Mexico-City ist der Zocalo an der mächtigen Kathedrale das Zentrum der Altstadt, zugleich ein informeller Platz, an dem noch heute eine Unzahl fliegender Händler, Handwerker und Dienstleister ihr Können anbieten. Am Platz die größte Kathedrale Lateinamerikas. In der näheren Umgebung viele Restaurants (vgl. Essen). An Wochenenden abends beleuchtet. Die Straße um den Zocalo und einige Straßen vom Zocalo Richtung Bellas Artes sind am Sonntag für den Verkehr gesperrt.

Herrlicher Blick auf den Platz vom Restaurant (7. Stock) des Hotel Majestic (vgl. auch unter Hotel).

▪ *Torre Latinoamericana*: 10 Gehminuten vom Zocalo, mit 43 Stockwerken eines der höheren Bauwerke Lateinamerikas, von der Spitze tolle Aussicht, gut zur ersten Orientierung. Restaurant dort nicht gut, extrem überteuert!

Eine noch bessere Orientierung (aber nur wenn der Smog gerade nicht allzu fett ist) bekommt man vom 51 Stockwerke hohen Hotel de Mexico, an der Insurgents Sur. Mit Dachdrehrestaurant, gutes Essen, an den klaren Tagen (z.B. im Winter), ein wirklich herrliches Panorama, wahrscheinlich die beste Chance, Mexiko-City zu bestaunen, ohne gleich vom Elend erschlagen zu werden.

▪ *Märkte*: erkundigen Sie sich im Hotel, welcher Markt an welchem Tag besonders empfehlenswert ist. Mannigfaltig u.v.a.: der Diebesmarkt auf der *Plaza Langunilla* am Sonntag. Hier gibt's Einkaufsmöglichkeit für fast alles (hoffentlich finden Sie Ihre Kamera hier nicht wieder).

Kunsthandwerk und Souvenirs: *Mercado La Ciudadela*, (Metro Balderas), breites Angebot, zentrale Lage.

Mercado de Curiosidades San Juan: Calle Ayuntamiento/Calle Aranda.

Mercado San Juan, Kreuzung Ayuntamiento/Lopez, größter Landwirtschaftsmarkt, eher zum Schauen und wegen der Atmosphäre interessant.

Sehr lohnend: *Bazar del Sabado*, hinter der Plaza del Carmen (Insurgentes, Busstation San Angel).

▪ *Ciudad universitaria*, Universitätsstadt, mit Olympiastadion und der berühmten Uni-Bibliotheksmosaikwand. Liegt weit, 18 km, außerhalb. Erreichbar mit Bus 'Ciudad Universitaria' C.U., ab Metro-Station Insurgentes, der Bus fährt die gesamte Insurgentes Sur entlang. Oder bis Metro Station Tasqueña, von dort mit Bus Tasqueña, C.U. weiterfahren. Oder mit Bus 'Copileo' und ca. 10 min zu Fuß. Metro-Station Universidad liegt weit entfernt!

Unterhaltung in der City

▪ Alte Uni, genannt *del Chopo*, oft Veranstaltungen abseits des etablierten Kulturbetriebes, fast täglich Theater, Konzerte, etc. Anfahrt: Metro-Station Revolución.

▪ Internationale Künstler treten oft im *Auditorio Nacional* auf. Anfahrt: Reforma, Bus 'ruta cien' bis Endstation.

Am Abend und später...

Für den kleinen Abendspaziergang: ein Paseo über den Zocalo, oder, nahe der Zona Rosa, an der Plaza Insurgentes, gleichnamige Metrostation: viele Cafes im Freien, Jungvolk, Musik, Markt.

Der klassische Romantikkitsch: Mit dem Taxi oder Bus zur *Plaza Garibaldi*, dem traditionellen Standort der Mariachi-Kapellen, gleichsam das mexikanische Pendant zu den Egerländern. Bunte üppige Rüschenkostüme, routinierte Heiterkeit. Taschendiebe, Nepplokale, wie gehabt. Auf Wunsch und gegen Bares können Sie Ihrer Angebeteten ein Ständchen spielen lassen - ein buntes Treiben, zwischen dampfenden Tacoständen, versteckten Kleinkneipen und tatsächlich Verliebten, Vorsicht vor Dieben! Keine Kamera mitnehmen! Alles ist recht plakativ und touristisch, durch das Chaos aber nicht ohne Reiz.

Der bekannte Riesen-Nachtclub *Santa Cecilia* liegt etwas zurückversetzt an der Plaza Garibaldi, ein markthallengroßer Folklorebetrieb mit bisweilen gutem Programm, Tanz, Artistik, alles gut, aber eben sehr kommerziell dargeboten. Internationales Reisegruppenpublikum. Eintritt ca. 15 Mark. Plaza Garibaldi ab 21 Uhr, Club ab 23 Uhr. Programmbeginn 21 Uhr.

▪ *Bellas Artes Palast*, der weiße Marmorbau ist mittlerweile metertief im weichen Untergrund eingesunken. Hier tritt in einem prächtigen 1900 Platz-Saal das mexikanische Nationalballet auf. Dabei werden die typischen Tänze und Lieder aus verschiedenen Zeiten und Provinzen des Landes aufgeführt: ein rountinierter, aber dennoch interessanter Schnelldurchgang in Sachen Folklore. Empfehlenswert für alle, die Tanztheater mögen. Außerdem Oper, Konzerte etc., das sehenswerte Ballet jeden Mi, Sa, So, 21 Uhr, So auch 9 Uhr. Karten preiswert, im Vorverkauf ab 18.30 Uhr.

Ein Besuch lohnt auf jeden Fall, schon wegen der prächtigen Wandmalereien im Treppenhaus. Diese sog. *Murales* geben Schlüsselszenen aus der Geschichte des Landes wieder, sie sind eine typisch mittelamerikanische Kunstform. Ein weiteres Folkloreballett im Stadttheater, *Theatro de la Ciudad*, Donceles 36.

Anfahrt: Bellas Artes liegt im alten Stadtzentrum, nähe Zocalo, eigene U-Bahnstation.

Nebenbei ein Literaturtip: Nicht nur über Murales, auch über die Landesgeschichte informiert anschaulich und sehr fundiert der Kunstkatalog zur Ausstellung in der Nationalgalerie Berlin: WandBildMexiko, über Fröhlich & Kaufmann Verlag, Hamburg, Berlin. Pflichtlektüre für alle Interessenten an Kunst und neuerer Geschichte! DM 39.-

Verbindungen Mexiko-City

Regional

Mietwagenbüros aller großen Gesellschaften am Flugplatz, in allen großen Hotels und verbreitet in der Innenstadt und Zona Rosa. Anmietung in der Innenstadt ist wegen des überaus chaotischen Verkehrs und wegen der Parkplatznot (es wird konsequent abgeschleppt) praktisch sinnlos. Am besten erst in einer Provinzstadt oder beim Verlassen von Mex.-City, evtl. direkt beim Flugplatz einen Wagen mieten. Besuch der Sehenswürdigkeiten im Inneren Stadtbereich mit dem Mietwagen ist wirklich nur etwas für Abenteurer.

* Chapultepec Park/Anthropolo. Museum: Bus Nr. 76 / oder Ruta 100 (braun-gelb, im Zentrum auf eigener Spur, Kleingeld nötig), Details vgl. auch Kap. 'Sehenswertes, Transport-Innenstadt'.

* Flugplatz *Aeropuerto Benito Juarez*, mit Autobus Nr. 12 'Aeropuerto' ab Av. Juarez. Oder Metro Linie 5 bis Terminal Aerea (nicht Linie 1, Aeropuerto, dies ist die Cargostation). Spezieller Taxiservice vom Hotel zum Flugplatz mit den sog. *Taxis del Aeropuerto*, sie befördern zum Festpreis.

* Busbahnhöfe: Es gibt vier große Busbahnhöfe und zahlreiche kleinere Abfahrtsstellen. Die Großen:

Terminal Norte, Lazaro Cardenas 4907, für Destinationen nördlich der Stadt. Anfahrt: Bus Nr. 23 ab Insurgentes mit Aufschrift 'Terminal Norte' oder 'Terminal Norte y Sur'. U-Bahnlinie 5 bis 'Terminal Norte'.

Terminal Sur, Av. Tasquena 1320, Busse in den Süden, nach Guernavaca, Taxco. Anfahrt: Bus wie oben. U-Bahnlinie 2 bis Taxqueña.

Terminal Oriente, Cal. I Zaragoza 200, Destinationen östlich und südöstlich, u.a. Oaxaca. Anfahrt: U-Bahnlinie 1 bis San Lazaro. Mit großem Gepäck (U-Bahn befördert keines): Bus Nr. 12 ab Reforma/Ecke Balderas/Hidalgo, Richtung 'Zocalo Peni' oder 'Metro San Lazaro'.

Terminal Poniente, Av. Sur 122, Busse nach Westen, z.B. Tolcua. Anfahrt: U-Bahnlinie 1 bis Observatorio. Kurzer Fußweg.

Bestimmte Orte werden von speziellen Bahnhöfen, bzw. Abfahrtsstellen angefahren. Deshalb in der Stadt beim Reisebüro oder Turismo erkundigen, bevor man einen Bahnhof anfährt.

Praktisch: Das Greyhound-Büro im Stadtzentrum, Reforma 27, informiert und verkauft Karten für viele (aber nicht für alle) Richtungen. Ähnlich: Central de Autobuses, Reforma 52, vgl. auch unter Adressen.

* Zugbahnhof: *Estación de Buena Vista*, an der Insurgentes Norte. Anfahrt: U-Bahnlinie 2, 'Revolucion', dann 15 Fußminuten auf der Insurgentes nach Norden, oder nordwärts fahrende Busse Nr. 17 auf der Insurgentes Norte, am Kaufhaus 'Suburbia' aussteigen.

Überregional

Acapulco, vgl. dort.

Oaxaca, mehrmals täglich mit Aeromexico und Mexicana. Der Flug führt über schöne Landschaft, man fliegt direkt an den Vulkanen vorbei!

Bus: ca. 10 h, ab Terminal Oriente, und andere. Karten auch bei Greyhound, Reforma 27.

Schlafwagenzug mit 1. und 2. Klasse Wagen ab Estación Buena Vista, mittlerweile recht komfortable Wagen, bes. 1 Kl. !

Wer mit dem Auto fährt: auf der Route 150 Übernachtung z.B. in Tehuacan, Hotel Penafil**, schöner alter Palast mit Patina, Thermalbäder. Landschaftlich reizvoller ist aber die Route über Cuernavaca: Auf der Route 190 in Huajuapan de Leon (ca. 200 km nordwestl. von Oaxaca): Hotel Casablanca* an der Überlandstraße. Oder: Hotel Garcia Peral, ein schöner Neubau im Zentrum am Zocalo. Mit Pool.

Villahermosa/Mérida, mehrmals tägl. Flüge mit Aeromexico und Mexicana. Villahermosa Bus: 15 h, Zug bis zu 24 h. Mérida Bus 24 h, Zug teilweise über zwei Tage!

Cancún, mehrmals täglich Flüge, von dort schnelle Verbindung mit der Karibikbadeinsel Isla Mujeres/bzw. Cozumel.

Und neuerdings ein Anschluß mit *Aeroquetzal* nach Guatemala-City. Damit ist es erstmals seit Jahren wieder möglich, von der Halbinsel Yukatán direkt nach Gua.-City zu kommen (der etwas umständliche Landweg über Chetumal, Belize-City, Flores entfällt so). Abflug 2 x wöchentl. Mo. und Fr., ca. 130 US $, one way. Die Verbindung ist relativ neu, Zeiten prüfen: Büro in Cancún vgl. dort.

Guatemala-City, mehrmals täglich mit Aeromexico (Mexicana), Panam und Aviateca, der guatemaltekischen Linie.

Puerto Escondido/Puerto Angel, neuer Flugplatz in Escondido geöffnet, Verbindung derzeit nur ca. 4 x wöchentl. mit Mexicana. Bus ca. 13 h.

Adressen

American Book Store, Madero 25, gute Auswahl an engl. Büchern und Reiseführern.

American Express, Hamburgo 75, Zona Rosa, Tel: 533 0380.

Aviateca (Luftlinie von Guatemala), Reforma 60, Tel. 5665966.

Botschaften: Deutsche, Calle Lord Byron 737, (Nähe anthropol. Museum) Tel. (5)-545 66 55/59. Telegramm: Diplogerma Mexico. Nennt deutsche Ärzte. Adresse für postlagernde Sendungen mit dem Vermerk *Wird abgeholt*.

Schweiz, Calle Hamburgo 66/5. Stock, Zona Rosa, Tel. 533 07 53. Österreich, Campos Eliseos 305., (nördl. Chapultepec Park) Tel. 540 34 15.

Belize Botschaft, Av. Thiers 152 b, (Visum Belize 10 US $, Bearbeitungszeit 1 Tag. Das Belize Visum bekommt man derzeit aber auch direkt an der Grenze (für 10 US $, Transitvisum sogar meist kostenlos).

Lufthansa, Reforma 76, Tel. 566 03 11.

Mexicana, Reforma 56, Xola 535, Reforma 51 (Lafragua), Hotel Camino Real (Leibnitz 100) und andere internat. Hotels, Insurgentes Sur 753. Res. Tel: 6604433, 660 4444.

Schon gleich zu Beginn der Reise, bzw. noch vor Reiseantritt beim Aeromexico-Büro Paris, sollte man sich einen Inlandflugplan (er gilt für beide nationale Gesellschaften Aeromex. und Mexicana) und die Flugpreisliste besorgen. Darin sind die aktuellen Adressen aller Büros und Telefonnummern, landesweit.

Am besten gleich in Mex.-City alle wichtigen Flüge buchen und sich über günstige Kombinationen und besonders über Pauschalen (es gibt zeitweise preiswerte

Generalabos *Visit Mexiko* für unbegrenztes Fliegen im Inland, Tarife und Konditionen ändern sich aber häufig) informieren. Die Computerbuchung ist effizient. Vgl. auch unter Verbindungen im ABC-Teil.

Aeromexico, Reforma 445, Insurgentes 724, Buchungsstellen mit Computerreservierung auch in den großen Hotels wie Camino Real, Presidente Chapultepec etc. Res. Tel: 207 6311, 207 8233.

T u r i s m o : Das offizielle Auskunftsbüro für Touristen liegt leider nicht eben zentral an der Avenida Presidente Masaryk 172, Tel. 250 85 55. Es gibt dort das übliche Info-Material, Stadtplan etc. (nicht immer vorrätig) und oft auch sachkundige Auskunft. U-Bahnanfahrt bis Station Polanco.

Viel zentraler lag das kleinere Stadtbüro (seit 1985 durch Erdbeben zerstört - Eröffnung schon lange wieder geplant, aber unsicher) an der Av. Juarez 70, nahe Hotel Prado.

B u s s e : Greyhound-Büro, Reforma 27, Tel. 591 03 38. Verkauft Buskarten für viele wichtige Destinationen, praktisch, weil viele Busbahnhöfe außerhalb liegen. Man bekommt einen Gutschein, der dann beim Bahnhof eingetauscht wird, das erspart die Fahrt zum Bahnhof, nur um Karten zu reservieren. Allerdings gibt es nicht alle Karten, auch nicht alle Zeiten.

Weitere Reservierungsstelle im Zentrum: Central de Autobuses, Reforma 52, Tel: 592 1199, vorher anrufen welche Linien reserviert werden können.

Hauptpost, Ecke Tacuba/Lazaro Cardenas, nahe dem Torre L.A., 9 - 23 Uhr, Sa - So 9 - 20 Uhr.

Hotelreservierungen, für das Land: Das gute Reisebüro ABC-Travel. Mariano Escobedo 752. Tel. 533 04 10, reserviert eine Reihe von Hotels im Land für Sie und arrangiert auch Mietwagen etc. Die empfehlenswerten Hotels, aber recht teuren 'Villas Arqueologicas' können reserviert werden: Calle Leibnitz 34, Tel. 541 49 95 (englisch).

T a x i s , anhalten per Handzeichen an allen großen Straßen. Taxameter gibt es praktisch nur in Mexico-City, und dort nur in etwas mehr als 50% der Wagen, der Rest fährt als 'Pirat', Preise also unbedingt aushandeln und hartnäckig darauf bestehen. Faustregel: je größer und komfortabler der Wagen, desto teurer, US-Amerikaner oder solche, die man dafür hält, bekommen 'gringo-Zuschlag'.

Am Flugplatz und an den großen Busbahnhöfen gibt es Kioske, die Taxigutscheine zu Festpreisen verkaufen (vgl. auch Verbindungen 'Flugplatz'. An den Kiosken sind Tafeln mit Entfernungszonen und Preisangaben. Betrug ist so praktisch ausgeschlossen.

Meist reell und billig sind die gelborangen *VW-Käfer Taxis*, oder deren Nachfolger in jap. Kleinwagen. 5 km ca. 10 Mark. City - Flugplatz 15 Mark (Stand Mitte 89). *Collectivos* - Sammeltaxis - meist VW-Busse sind ebenfalls preiswert, oft voll, halten aber überall auf Wunsch, wenn man erst mal drin ist.

Wäscherei, Automatenwäscherei 'Lavanderia automatica Atoyac', Atoyac 69, ein Block nördlich der Reforma, kurz vor dem Chapultepec Park. 9 - 19 Uhr, So geschl. Die Wäschereien der großen Hotels arbeiten schnell und zuverlässig.

Umgebung Mexiko City:

Größere Ausflüge

Viele Mexico-City Touristen haben schon nach kurzer Zeit genug von der Stadtwüste. Aber jeder sollte bedenken, daß schon wenige Kilometer außerhalb wunderbare Landschaft beginnt, die man besonders mit dem Mietwagen gut erkunden kann. Im folgenden eine Auswahl an Ausflügen, die nach Möglichkeit mehrtägig geplant werden sollten. In einem Geo-Heft klagte einst ein gestreßter Reporter:

". . . wurde mein Atem kurz, der Smog, der Dreck, die Millionen Narren in Autos auf den Straßen, der Lärm - ich ertrug das alles nicht mehr, ich floh . . . nur eine gute Autostunde brauchte ich, dann war ich da: vielfarbige Bougainvilla, lila Jacaranda, gelber und roter Hibiscus, Rosen und kräftiger Eukalyptus, ein Duft wie im Himmel, ein Pool mit 28 Grad."

Pyramiden von Teotihuacan

Gleichsam der Standardausflug um den keine Reisegruppe herumkommt, 40 km nordöstl. außerhalb. Eine umfassend restaurierte archäologische Stätte, imposant und mächtig im Hochtal gelegen. Als organisierte Tour (mit wenig Zeit) bei jedem Reisebüro, oft mit Pflichteinkehr in dubiosen Kneipen und Ramschläden. Besser daher selbstorganisiert:

A n f a h r t : Mit der U-Bahn-Linie 5 bis Terminal Norte, weiter mit dem Bus Nr. 8 (5-22 Uhr, alle 30 min., 1 h, Bus-Gesellschaft liegt in der hinteren Halle, links). Oder mit dem Bus ab Indios Verdes (Station der U-Bahn 3), dieser Bus braucht aber länger, weil er über die Dörfer fährt, Abfahrt stündlich. Früh starten, damit genügend Zeit bleibt. Ab 11 Uhr dann viele Reisegruppen.

Die Pyramidenzone wird um 18 Uhr geschl., letzter Bus zurück 18.30 Uhr.

Autoanfahrt: Über die Insurgentes Norte bis zum Beginn der Autobahnzahlstelle, dann den Schildern *Pyramide* nach. Oder, origineller, aber auch viel langsamer: Landstraße über Acolman.

■ Unterkunft: Bei den Ruinen das ausgezeichnete Hotel Villas Arqueologicas***, komfortabel wie alle Hotels dieser Kette, sehr lohnend zur Übernachtung in schöner Umgebung, allerdings gehobene Preise.

■ Unterkunftsalternative - gut geeignet zum Besuch aller Ziele nördl. Mexiko City, wenn man den Großstadtstress vermeiden möchte: In der Hauptstadt des Staates Hidalgo: Pachucha (2.450 m, 140.000 E,. **i** Plaza Juarez 110, 3. Stock Regierungsgebäude (am Zocalo): Hotel de los Baños*-**, bzw. Noriega*, Matamoros 205 im Zentrum, im alten Kolonialstil, sauber und für das Gebotene nicht teuer.

Busbahnhof außerhalb, im Südwesten, an der Straße nach Mex.-City.

Weitere interessante archäologische Stätten nahe Mexico-City:

Tula, 90 km nordwestlich Mexiko-City. Nach der Zerstörung von Teotihuacan das kulturelle Zentrum der Tolteken.

Ausgrabungszone mit interessanten, 3 m hohen Steinfiguren (den sog. 'Atlanten', vgl. Foto), ca. 1 km Luftlinie nördlich der Stadt (10-17 Uhr, Mo. geschl.), Fußweg ca. 3 km. Leider wurde unmittelbar bei den Ruinen eine Eisenbahntrasse angelegt.

■ Anfahrt: Bus ab Terminal Norte (vgl. oben, von 5-23 Uhr, alle 15 min., 1 1/2 h) oder mit dem Auto über Autobahn, über Landstraße schwierig zu finden.

Tenajuca, Santa Cecilia: 10 km nordwestlich, Metro Nr. 3 bis 'Indias Verdes', dort am Busterminal Bus nach Tlalnpantla suchen, der immer über Tenajuca fährt. Für die letzten 3 km ggf.

Taxi. Zurück oft Busse nach Indias Verdes oder La Raza.

Xochimilco, schwimmende Gärten - wie Teotihuacan ein beliebtes Ausflugsziel von Reisegruppen, Bootsrundfahrten, Rummel, Kitsch, die große Blumenpracht existiert nur noch auf Prospektfotos, je nach Wasserstand und Verschmutzungsgrad oft nur noch eine triste Schlammwüste.

Anfahrt: Metro Linie 2 bis Taxqueña, von dort mit Trolebus nach Xochimilco Endstation, (Fahrtdauer insg. 1,5 h !), von dort einige 100 m zu Fuß. Schneller: ab Taxquena mit Collectivo 'Ruta 26', Abfahrt von der Westseite des Busbahnhofes.

Der Ort ist bei Einheimischen unter 'Marantiales', nicht unter *Jardines Flotantes* (wie er in den Prospekten steht) bekannt. In den letzten Jahren wurde das biologische Gleichgewicht dieser sensiblen ökologischen Nische immer mehr gestört, die Gärtner berichten von sterbenden Arten, die Erträge gehen zurück und die Bootsfahrer klagen über Hautkrankheiten. Wegen der Gärten sicher nicht mehr sehenswert.

Toluca, 65 km südwestlich Mexico-City. Anfahrt: U-Bahn-Linie 1 bis Endstation im Westen, von dort Bus. Oder über die Ausfallstraße Mex-15. Oft starker Smog über der Stadt. Der bekannte Indianermarkt am Freitag ist von Touristen total überlaufen, besser an anderen Tagen, die Preis werden mittlerweile auch in US-$ angegeben...

▪ Die Anfahrt mit Bus oder Mietwagen führt durch herrliche Landschaft, über den 3 100 m hohen *Paso de la Cruzes. Die Stadt selbst liegt 2 680 m hoch! Ausgangspunkt für den Besuch der weniger bekannten archäologischen Zonen Clalixtlahuaca u. Malinalco. Einfache, gute Unterkunft: Hotel Colonial*, Av. Hidalgo.*

Lohnend - besonders wenn man mit dem Mietwagen nach Toluca unterwegs ist - die Auffahrt bis zum Kraterrand (auf ca. 2.900 m) des Hausvulkans *Nevado*. Vom Rand herrliche Sicht auf das Land, die man von ganz oben wegen der Wolken so oft nicht hat.

▪ Nach Süden: Guernavaca und Taxco, vgl. Kapitel: 'Richtung Pazifikküste'.

Nach Osten: Cholula, Puebla

C h o l u l a , sehr schöne archäologische Stätte bei Puebla. Eines der größten Grabungsfelder im Land, mit einer riesigen Pyramide, die 17 ha bedeckt. In der archäologischen Zone auch eines der fast immer guten (aber nicht billigen) Hotels Villa Arqueologica***, Blick auf Pyramide, Popocatepetl und die *Schlafende Frau*. Schöner Hotelpatio, Pool. Leicht erreichbar per Autobahn, 120 km östlich Mexico-City.

▪ Preiswerter übernachten in Cholula: Hotel Calliquetzalcoatl*-**, direkt am Zocalo, Zimmer um einen gepflegten Patio, deshalb recht ruhig, angenehme Atmosphäre.

Oder übernachten - bei guter Hotelauswahl - im nahen P u e b l a 2.160 m, ca. 1 000.000 E., **i** unmittelbar südlich der Kathedrale, an der 5. Oriente, schönes koloniales Zentrum um den Zocalo):

Gut im Hotel Colonial*, gegenüber der Uni. Hotel Senorial**, 6 Oriente y 4 Norte.

Preiwert: Hostal de Halconeros*, Reforma 141, einfaches Haus zwei Blocks vom Zocalo, aber ausreichend, nette saubere Zimmer.

Direkt am Zocalo das gepflegte Hotel del Puebla**, Balkonzimmer mit Blick auf den Zocalo, im Erdgeschoß gutes Restaurant mit vernünftigen Preisen.

Ein interessantes Museum: Museo Serdan, Calle 6. Oriente.

▪ Verkehr: Zentraler Terminal (überw. 1 Kl.) im Norden außerhalb, 31. Norte/Carmen Sedan, an der Ausfallstraße nach Osten. Zum Terminal in Puebla am besten per Taxi oder Sammelbus. Diverse 2 Kl. Abfahrtsstellen im Zentrum (im Turismo erkundigen).

▪ Verbindungen Mexiko-City nach Cholula: 'Estrella Roja', mehrm. ständl. ab Ecke 3. Poniente/5. Norte.

Die Vulkane

P o p o c a t e p e t l und I x t a c c h i h u a t l : Früher konnte man die wunderbaren Berge im Südosten von Mexico-City noch von der Straße aus sehen, heute liegt häufig alles im Dunst. Nur an Wintertagen und bei smogfreien Wetterlagen sind die leuchtenden Schneekappen der Vulkane auch heute noch zu bewundern. Bergtouren auf die Vulkane bei Mexiko City wurden in den letzten Jahren immer beliebter. Man trifft in der nun durchgehend bewirteten und recht gut instandgehaltenen Tlamacas-Berghütte (auf immerhin 3.990 m!), die Ausgangspunkt für die Tour sowohl auf den Ixtaccihuatl, als auch auf den Popocatepetl ist, auf der Hütte praktisch immer ein paar Bergfexe aus USA und Europa.

Exkursion auf den 'Popo'

A n f a h r t : Mit dem Auto zunächst auf der Straße 190 in Richtung Puebla, an der Mautstelle dann rechts in Richtung Chalco - Amecameca (Hotel s. unten). Ab Amecameca links auf kleiner Straße (insg. ca. 29 km) zum Paso de Cortes, weiter bis zur Schutzhütte des mex. Alpenclubs *Tlamacas* auf 3.990 m. Letzter Proviantkauf in Amecameca möglich.

Mit öffentl. Verkehr: Mit Metro Linie 1 bis zur Haltestelle Candelaria, weiter mit 'Collectivo' bis Amecameca von dort mit Taxi weiter wie oben zur Hütte. Oder ab Busbahnhof 'Tapo' (Metro San Lazaro) mit 1 Kl. Bus 'Cristóbal Colon' bis Amecameca. Nun auch Busverbindung Amecameca (Zocalo) bis Tlamacas Hütte.

Der Zustand der S t a t i o n (eine Hütte) bei Tlamacas wechselt zwischen verdreckt und frisch gesäubert, in letzter Zeit aber immer besser (z.B. noch Ende '89, sauber). Oft, besonders an Wochenenden, wenn mexikanische Familien zum 'Schnee anschauen' herkommen, viel Betrieb. Übernachtung billig, Decken vorhanden, Schlafsack aber besser, bei Restaurantbetrieb keine Selbstverpflegung erlaubt. Wichtig: Kocher zum Tee brauen (Wasser vorhanden). Höhe 3.900 m! Gegen Kopfweh unbedingt Aspirin o.ä. mitnehmen.

■ Besteigung: (Normalroute: alpine Tour ohne Kletterstellen, erfordert aber solide Kondition und Hochtourenerfahrung, beste warme (Westalpen)-Kleidung, Stirnlampe, unbedingt Skistöcke, weil sehr oft tiefer Grund. Für die schwierige Direktroute: Seil, Steigeisen, Eisschrauben etc., also nur für Kletter- und Tourenerfahrene). Organisation möglich mit Führer (teuer, ca. 130 US $/Pers.): Vermittlung von Führern über das Tourist-Office, z.B. Reisebüro 'Grey Line', oder 'Climbing Mexican Volcanoes'; oder selbstorganisiert.

Bei Wahl der *Normalroute* Übernachtung in der Hütte, Abmarsch so früh wie möglich (gegen zwei Uhr nachts). Aufstieg: Von der Hütte nach Süden Richtung Gipfel, nach 45 min links halten und die sandige Nordflanke queren bis Tres Cruces (4580 m, insg. 3 h). Von dort direkt nach oben zum Kraterrand, je nach Lage entweder durch Sand (oft tief) oder Firn, 'Labio inferior' (5260 m, 3-4 h), am Kraterrand entlang nach Südwesten (entgegen dem Uhrzeiger) bis zum Hauptgipfel auf 5452 m, nochmal ca. 1 h. Auch alpin erfahrene Tourengänger müssen betont langsam ansteigen. Abstieg wie Aufstieg, ca. 2,5 h. Möglichst früh zurück bei der Hütte sein, wegen möglicher Wetterstürze am Nachmittag und weil der Schnee ab Mittag sehr weich und kraftzehrend wird.

Die *Direktroute* führt über die erste Biwakschachtel (4-6 Pers., auf 4600 m, nicht winddicht!), die unterhalb der Felsformation 'El Castillo' liegt und über die zweite Schachtel auf ca. 4900 m zum 45-50 Grad steilen Gipfelhang, also nur für absolut erfahrene Alpinisten mit entsprechender Ausrüstung. Im Gipfelbereich auch bei besten Verhältnissen häufig Sturm und Blankeis.

■ Prägnante Kurzinfos zur Besteigung von vier Vulkanen um Mex.-City (Nevado de Toluca 4690 m, Ixtaccihuatl 5230 m, Popocatepetl 5460 m, Pico de Oriziba 5700m) im Heft *Outdoor*, vom Mai/Juni 1988. Bergliteratur für Mexiko: Peter Rotter, Mexico, Selbstverlag München (in Reisebuchläden).

■ Unterkunft auf der Anfahrt in Amecameca: Hotel Los Volcanes**, mit Vulkanblick, gutes Restaurant.

Katastrophenberichte über Mexiko-City gehören zum guten Ton der Reisefeuilletons. Standardschlagzeile: "Eine Stadt frißt ihre Menschen", oder etwas moderater im wägenden Stil der ZEIT: "Chaos und ewiger Frühling." Die Apocalypse läßt sich gut verkaufen, größte Stadt und größter Slum der Welt, 20 Millionen, 25 oder sind es schon wieder mehr, 3 Millionen Autos, tausende Fabriken im Stadtzentrum. In einer Stadt, die gleichsam vom Infarkt lebt, gibt es keine verläßlichen Zahlen mehr, sinnlos sind sie angesichts des allgegenwärtigen Elends ohnehin. Verläßlich sind nur noch die alltäglichen Horrormeldungen. Ein Schnitt von 10 Stundenkilometer mit dem Auto gilt als Traumzeit. Der tägliche Zuzug von derzeit ca. 3 000 Menschen mahnt an die Endzeit. Wahrscheinlich stimmen all die Schreckenszahlen auch noch - so genau interessiert das ohnehin niemanden mehr . . .

Natürlich gibt es noch die klaren Wintertage mit Blick auf die schneebedeckten Vulkane, natürlich gibt es die gepflegten Stadtviertel, das San Angel der Reichen im Süden, das vielbeschriebene Coyoacan mit nobler Kolonialarchitektur, und es gibt auch noch ein paar qkm einigermaßen intakter City, eben die, die der Tourist in der blankgefegten Zona Rosa, der mexikanischen Drosselgass' oder eben um den Zocalo sieht. Das sind vielleicht gerade 5% der gesamten Stadtfläche und auch hier ist Apocalypse now: Am Morgen schon kommt die Abenddämmerung, Smog liegt in den Gassen, die Augen tränen, die Nase geht zu, spätestens gegen Mittag kratz der Hals.

In wenigen Jahren, so eine Umweltstudie, werden die Autos in der Stadt auch mittags mit Licht fahren müssen. Schon heute bekommen Kinder wochenlang schulfrei, weil der Weg durch die Stadt bei Smogwetter nicht mehr zumutbar wäre. Aus den über 3 Millionen Auspuffen quillt täglich soviel Gift, daß Versuchstiere, die man an Verkehrsknotenpunkten der Innenstadt deponierte, innerhalb von Stunden starben. Die vergiftete Luft tötet jährlich ca. 30 000 Kinder, die Zahl der Umwelttoten wird auf über 100 000 geschätzt. Aber nicht nur die Luft ist knapp, auch reines Wasser, Wohnraum, alles was man zum Leben braucht fehlt, nur die Endprodukte menschlicher Existenz sind allgegenwärtig: Die riesigen bis zu 100 m hohen Müllhalden an den Stdträndern, die tägl. um ca. 25.000 Tonnen wachsen und auf denen - so un-

glaublich es klingt - fast 200 000 Menschen eine jämmerliche Existenz als Recycler fristen. Selbst noch hier im Müll, etablierte sich eine korrupte Mafia, in Form von Zwischenhändlern, die das gesammelte gewinnbringend verscherbeln. Nur der Wind sorgt im Moloch Mexiko City für Gleichheit. In biblischer Gerechtigkeit verteilt er die getrockneten Exkremente von jenen 3,5 Millionen Städtern, die weder Kanalisation noch Wasseranschluß haben, gleichmäßig über arme und reiche Wohnviertel: Eschericichia-coli kennt keine Klassenschranken, Moctezumas Rache gilt allen. Auf die Frage 'wie geht's?, erhält man in Mexiko konsequenterweise erstaunliche Antworten.

Zu Beginn des 19. Jh. lobte Alexander v. Humboldt Mexiko-City als eine Oase, umgeben von stillen Indiodörfern und fruchtbaren Gärten, noch zu Anfang des 20. Jh. hatte die Stadt gerade eine halbe Million Einwohner, dazu großzügige Alleen und prächtige Archtiektur. Mexiko-City galt damals noch als Luftkurort. Zu Beginn der 40er Jahre begann dann eine beispiellose Bevölkerungsentwicklung und parallel dazu ein Niedergang der öffentlichen Versorgung: Campesinos flohen aus Hunger und Angst vor Gewalt in die vermeintlich sichere Stadt und hier war die Bevölkerungsexplosion dann am heftigsten. Kein Land über 50 Millionen Einwohner hat eine höhere Geburtenziffer als Mexiko, 4,3 Kinder kommen auf jede Durchschnittsfamilie. Trotz aller zeugungsdämpfender Werbespots - 'La pequeña familia major' - wächst die Bevölkerungszahl unaufhaltsam.

Aber längst sind die aberwitzigen Zahlen über die alltäglichen Anarchie Mexiko-Citys weder zu bestätigen noch zu widerlegen: Wer will sie zählen, die 5 Millionen in Ein-Raum-Hütten, die Tausende 'paracaidistas', die täglich - Fallschirmspringern gleich - in die Stadt eindringen und bevorzugt entlang von Bahngleisen und Hochspannungsleitungen ihre schiefen, zerfledderten Papphütten bauen, weil hier das Land am ehesten dem Staat gehört - und der schaut weg. Was gibt es noch zu zählen außer Elend in den über 500 Slums, der Stadt. Ist der Junge, der im Dieselqualm der Insurgentes Nelken verkauft oder gegen Handgeld Autoscheiben verschmiert, arbeitslos oder selbständig, hat er schon einen Schatten auf der Lunge oder zählt er erst nächstes Jahr zur Statistik der Umwelttoten . . .

Über Morelia an den Pazifik

Eine interessante Reisevariante nach Osten: über die wenig besuchten Regionen des Bundesstaates Michoacán und interessante Städte mit Kolonialarchitektur, alles ohne Massentourismus. Als Ziel dann: ruhige Strände am Pazifik mit Badefreuden ohne Acapulco-Hektik.

Zunächst über die Mex-15 und Toluca (vgl. dort) weiter nach Westen bis M o r e l i a (ca. 300.000 E., **i** Degollada 340, 315 km von Mex.-City, gute Bus- und seltener Zugverbindungen mit Mex.-City, Flugplatz). Provinzhauptstadt und Station auf dem Weg zum interessanten *Patzcuaro See* (vgl. unten). In der Stadt schöne Kolonialarchitektur, der alte Stadtkern steht unter Denkmalschutz. Gute Einkaufsmöglichkeiten für Kunsthandwerk in der Casa de los Artesanias im ehemaligen Kloster San Francisco.

▪ Übernachtungstip: Hotel La Soledad**, sehr stilvolles Haus in einem Kloster am Zocalo, ruhige Zimmer zum Innenhof, Restaurant im Kreuzgang.

Wie erwähnt, der gesamte Bundesstaat M i c h o a c á n (also die Region zwischen Mexico-City und Guadalajara, mit der Hauptstadt Morelia) gehört zwar nicht mehr zum eigentlichen Gebiet dieses Führers. Die Gegend ist aber sehr angenehm: wenig Auslandstouristen, praktisch nur mexikanischer Binnenverkehr, einige ruhige Provinzstädte mit netter Kolonialarchitektur. Ideal zum Eingewöhnen in das mexikanische Leben, ideal auch für genervte Stadtflüchtlinge aus Mexiko-City, die nicht gleich nonstop an die Pazifikküste weiterwollen:

Von Morelia z.B. weiter bis zum alten Kolonialstädtchen P á t z c u a r o (2.450 m, 60.000 E., ca. 50 km von Morelia, am gleichnamigen See, ca. 6 h Bus von Mex.-City aus). Interessanter Stadtmarkt und ein Museum *Museo de Artes Populares* mit regionaler Handwerkskunst. Angenehme Atmosphäre, praktisch nur mexikanischer Tourismus.

Nahe bei Pátzcuaro das Dorf *Paracho* (über Uruapan, an der Mex-37), mit kleinen Geigen- und Gitarrenwerkstätten, Direktverkauf.

▪ Ab Bootsanleger Pátzcuaro schöne Fahrt zur Insel *Janitzio* (allerdings am Wochenende von mex. Touristen überlaufen). Der See (45 qkm), umgeben von Vulkanen und Wäldern, ist wegen seines Fischreichtums bekannt. Die berühmten Weißfische *tilapas* werden teilweise noch mit den alten Schmetterlingsnetzen gefangen, die in fast jedem Touristenprospekt abgebildet sind. Die Fische werden in diversen Restaurants vor Ort frisch angeboten.

▪ Gute Hotels: Posada de Basilica*-**, mit gutem Restaurant, Kolonialstil. Preiswerter: Hotel de la Salud*, ebenfalls am Platz der Basilika-Kathedrale. Und: Imperial*.

Ausflug ab Pátzcuaro (auch mit dem Bus mögl., ca. 70 km) nach Uruapan, Verkehrsknoten am Fuß des Vulkans Paricutin (2.774 m). In Uruapan, Stadt selbst nicht sehr lohnend, netter Stadtpark *Parque Nacional* mit künstlichen Wasserfällen (erreichbar ab Zocalo mit Stadtbus).

▪ Unterkunft im neuen Hotel Tarasco*-**, beim Zocalo, mit Pool, komfortabel und preiswert. Neue große Zimmer.

▪ Ausflug von Uruapan nach *Angahuan*, (morgens gegen 7 Uhr mit Bus), und weiter dann zum Vulkan Paricutin, der im Inneren noch aktiv ist. Der letzte große Ausbruch war 1957. In Angahuan kann man Pferde und Führer mieten, es wird u.a. das in der Lava verschüttete Dorf *San Juan* besucht.

■ *Schwarze, weite Lavafelder: Die dunkle Lava schillert in verschiedenen Rottönen, da und dort tätige Fumarolen. Dampf steigt aus dem warmen Gestein, dazwischen ein verfallener Kirchturm, verträumte Stille - eine fast unwirkliche Szenerie, sehr eindrucksvoll. Der ca. 6 h Ritt zum Vulkan ist anstrengend, aber für Geübte - absolut empfehlenswert (unbedingt an Wasser und Sonnenschutz denken). Wer nicht reiten mag, kann auch zu Fuß zu den Lavafeldern gehen.*

■ Etwas außerhalb Angahuan, Richtung Vulkan, gibt es eine einfache Herberge mit Restaurant, für Leute, die länger in dieser reizvollen und fast unwirklichen Gegend bleiben möchten.

Die stille Küste

Weiter nun direkt nach Süden in Richtung Pazifik (und damit auch Richtung der Baja California Fähre Puerto Vallarta - Cabo San Lucas); auf der Mex-37 vorbei am großen Binnensee *Presa del Infernillo*, bis zum Kreuzungspunkt *La Mira*. Unterkunft im reizlosen Pazifikort *Playa Azul*, nur bei Dunkelheit oder bei völliger Erschöpfung. Besser weiterfahren auf der Mex-200 (Küstenstraße), nach NW in Richtung Manzanillo, bis zum kleinen Küstenort:

■ Caleta de Campos: Es ist kein Irrtum: hier aussteigen, bzw. die staubige Lehmstraße hinauffahren - hinter dem Hügel liegt es: ein kleines Paradies, eine wunderbare Pazifikbucht, nur ein Hotel. Hier kann man abseits der großen Touristenströme noch stille Tage am Meer erleben, in der Hängematte pendeln und Mexiko lieben lernen. Ideal zum Schwimmen.

■ Hotel Yuritzi*, einziges Hotel, am Ortsende oberhalb der Bucht, sauber, solide, dazugeh. Restaurant wird demnächst eröffnet. Schräg gegenüber noch eine einfache Casa de Huespedes. Gute Fischgerichte in den Restaurants am Strand.

Wer auf jeden Komfort verzichten kann, findet auf der Mex-200 wenig weiter nordwestl. im kleinen Nest Maruata nochmals einen stillen Pazifiktraum: Bislang stehen hier - vor einem der schönsten

Strände der gesamten Region - nur ein paar halbverfallene Hütten und einfache Ferienhäuschen. Die Flugpiste deutet an, daß man mit dem Ort schon Größeres vorhatte. Ein gutes Restaurant oben an der Straße; es soll auch einfache Unterkunft geben, war aber nicht zu überprüfen, jetzt noch ideal für Camper bzw. Wohnmobilfahrer.

Barra de Navidad: Liegt noch weiter im Nordwesten, ca. 60 km nördlich Manzanillo, ca. 350 km auf der Mex-200 NW Zihuatanejo. Ein ruhiger Badeort, ohne die gewohnte perfekte touristische Infrastruktur, dafür herrliche Umgebung: Der ruhige Ort liegt in einer weiten Bucht mit Sandstrand, der Strand läuft zu einer Halbinsel hin aus, an deren Ende das sehr klare Pazifikwasser zu einer Lagune Zugang hat, hier Wasservögel, an den Ufern tropische Vegetation mit Mangroven und dahinter Palmen. Das Richtige für ruhige Badetage, im Sommer tropische Hitze. An der Lagune sind Fischerboote, die zu einsamen Strände fahren - z.B. zur Playa de Coco (hier allerdings stärkerer Wellengang).

▪ Unterkunft: Hotel Delfin*, bestens geführtes, sehr sauberes, familiäres Haus, kleiner Swimmingpool, traumhafte Frühstücksterrasse. Besitzer ist Deutscher (der frühere Olympiaschwimmer Gerhard Hetz). Auch ein paar Appartementwohnungen zu mieten.

Direkt am Meer: Das einfache Hotel Bogavante*, beliebter Travellertreff, häufig belegt. Daneben das größere Hotel Barra de Navidad*, mit Pool, Terrassenrestaurant und Bar, sehr sauber.

▪ Verbindung: Nächster Jet-Flugplatz Manzanillo (ca. 30 km südöstl.), von dort häufig nach Mexico-City.

▪ Der *Baja California Tip*: Hotel California**, das einzige Hotel (nur noch ein Motel) im kleinen Ort Todos Santos, 80 km sw. La Paz. Angehmer Pool, geschmackvolle Zimmer, gutes Restaurant mit mexikanischer Küche. Der Besitzer spricht ausgezeichnet englisch.

Wenig südlich von *Todos Santos*: die schönsten Strände der Baja: endlos, weiß, ohne ein einziges Hotel! Mit Auto (ca. 3/4 km südl. vom Ortsschild rechts auf den Sandweg abbiegen) und zu Fuß (hinter der Mission durch die Felder). Ab Hotel California von Okt.- Anf. März geführte Wanderungen zur Sierra de la Laguna.

Oaxaca

200 000 E., 1 545 m. Hauptstadt des gleichnamigen Bundesstaates - liegt in einem Hochtal, umgeben von Bergland, in dem Zapoteken und Mixteken siedeln. Oaxaca ist eine reizvolle Stadt, prächtiger Zocalo, schöne koloniale Architektur, wenig Industrie. In den letzten Jahren wurde Oaxaca mit seinen nahen archäologischen Zonen Monte Alban und Mitla zu einem beliebten Touristenziel. Manche meinen: zu beliebt.

Für den Reisenden bleibt Oaxaca aber aus verschiedenen Gründen interessant: Man erreicht in kurzer Zeit und ohne viel Aufwand die archäologischen Zonen Monte Alban und Mitla. Oaxaca selbst ist im Zentrum eine handliche Stadt, man findet sich schnell zurecht. Hotelerie und Gastronomie sind leistungsfähig. Es gibt sehenswerte Kolonialarchitektur, daneben in der Nähe indianische Kultur, vor allem an Markttagen. Das Klima ist auch im Hochsommer angenehm. Mittelpunkt des städtischen Lebens ist der *Zocalo*, ein prächtiger Platz, umgeben von Straßencafes. Wer also abwechsungsreichen Stadturlaub mit einem bequemen Besichtigungsprogramm verbinden möchte, ist in Oaxaca richtig.

Am Zocalo

Der Zocalo hat in Oaxaco eine ganz ausgeprägte, zentrale Funktion, besonders am Abend zur Flanierstunde, bei gutem Wetter spielt jeden zweiten Abend eine Marimbagruppe, auch das gibt's nur in Oaxaca (und vereinzelt in Guatemala). Breites gastronomisches Angebot, aber: die Wirte sind sich ihrer Lage durchaus bewußt. Eindrucksvolle *Murales*, Wandmalereien, im Palacio del Gobierno, Zocalo.

▪ Sehenswertes

Langweilig wird's niemand: Kirchen, Museen, Indiomärkte oder auch nur ein Abend am Zocalo sorgen für Abwechslung. Abends:

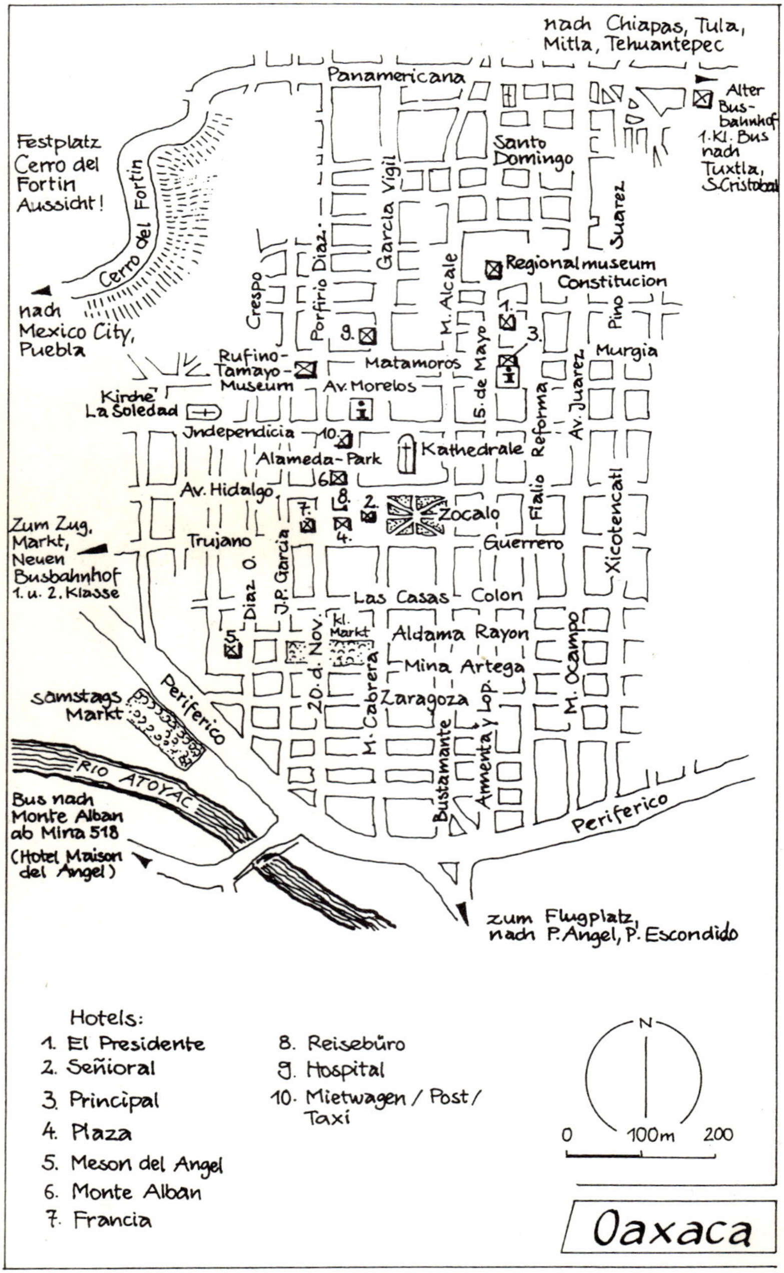
nach Chiapas, Tula, Mitla, Tehuantepec
Panamericana
Alter Busbahnhof
1. Kl. Bus nach Tuxtla, S. Cristobal
Festplatz Cerro del Fortin Aussicht!
Cerro del Fortin
Santo Domingo
Suarez
Garcia Vigil
Porfirio Diaz
Crespo
M. Alcale
Regionalmuseum
Constitucion
Pino
nach Mexico City, Puebla
Rufino-Tamayo-Museum
Matamoros
Murgia
Av. Morelos
S. de Mayo
Reforma
Av. Juarez
Kirche La Soledad
Jndependicia
Alameda-Park
Kathedrale
Av. Hidalgo
Fialio
Xicotencatl
Zocalo
Zum Zug, Markt, Neuen Busbahnhof 1. u. 2. Klasse
Trujano
Guerrero
Diaz O.
J.P. Garcia
Las Casas
Colon
20. d. Nov.
kl. Markt
Aldama
Rayon
Mina
Artega
M. Ocampo
Zaragoza
M. Cabrera
Bustamante
Armenta y Lop.
samstags Markt
Periferico
RIO ATOYAC
Bus nach Monte Alban ab Mina 518 (Hotel Maison del Angel)
Periferico
zum Flugplatz, nach P. Angel, P. Escondido
Hotels:
1. El Presidente
2. Señioral
3. Principal
4. Plaza
5. Meson del Angel
6. Monte Alban
7. Francia
8. Reisebüro
9. Hospital
10. Mietwagen / Post / Taxi
N
0
100m
200
Oaxaca

Das meiste Leben um den Zocalo, oder in *El Sol y la Luna*, in der Straße Murgia. Diverse alternative Treffs in der Innenstadt, z.B. Galerie.

Kirche *Santo Domingo*, zweifellos die schönste der 27 Kirchen Oaxacas, unglaublich prunkvolle, barocke Innenausstattung. Im Kloster daneben das Bezirksmuseum mit Stücken aus der Region, Ecke Constitucion/5 de Mayo, am schönsten im Abendlicht!

Museo de Arte Prehispanico, auch 'Museo Rufino Tamayo', Av. Morelos 503. 10 Minuten zu Fuß vom Zocalo. Eine der schönsten, reichhaltigsten und sorgfältigsten Sammlungen präkolumbianischer Kunst. Die geschl. 10-14/16-19 Uhr. Der Schmuck!!

Sehr schön auch das *Museo del Estado*, dort der berühmte Grabschatz aus dem Grab Nr. 7 von Monte Alban, sowie die reichhaltigste Sammlung zapotekischer und mixtekischer Grabplastiken. Lage: Das Staatsmuseum liegt neben (nördlich) der Kirche Santo Domingo, an einem Platz. 15 Gehminuten nördlich des Zocalo. 9 - 17 Uhr, Mo geschl.

Markt, täglich, großer Markt am Samstag, am 2.Kl.-Busbahnhof, siehe Karte, gut auch zum Beobachten. Oaxaca und die Umgebung sind bekannt für Kunsthandwerk, zu Zeiten der Saison sind die Preise aber der Touristenschwemme angepaßt, manchmal kann man in kleinen Galerien oder in den staatlichen Kunsthandwerksläden schon günstiger als auf dem Markt einkaufen. Bessere Einkaufsmöglichkeiten oft auch auf den Märkten in den Dörfern der Umgebung, vgl. unten.

Die typische 'ceramica negra' kauft man in großer Auswahl am besten in San Bartolo de Coyotepec, ein Dorf bei Oaxaca (nach dem Weg durchfragen).

▪ Unterkunft

Zimmer können in der Hochsaison und besonders über Weihnachten, Neujahr, Januar und Ostern ! (dann viele Amerikaner) knapp werden.

Am besten vorausreservieren. Die zentral und schön gelegenen Häuser lassen sich ihre Lage bezahlen. Preiswerte Unterkünfte findet man ein paar Blocks abseits des Zocalo, darunter viele einfache Casas de Huespedes. Relativ viele Hotels im Bereich westl. des Zocalo.

Zentral, nahe beim Zocalo

Hotel Plaza**, Trujano 112, Tel. (951)-622 00. Trotz des vielen Rummels ist das Plaza seit Jahren ein grundsolides Haus. Der Wirt läßt sich nicht von negativen Beispielen anstecken und führt das Haus ausgezeichnet, er organisiert auch Touren für seine Gäste. Noch zentral.

Hotel Senorial**, Portal de Flores 6, Tel. 639 33. Am Zocalo. Ein preiswertes und komfortables Hotel, gut geführt. Überdurchschnittlich gutes Restaurant, in bester Lage.

Gegenüber dem Zocalo, bei der Post: Hotel Monte Alban**, Tel. 627 77, schöne Zimmer im Kolonialstil, manche allerdings etwas verschlissen, relativ teuer, auch das Hotelrestaurant Coronita, (oft, z.B. im Geo-Special 'Mexiko' gelobt, taugt nichts mehr).

Hotel Principal*, 5. de Mayo 208, Tel. 625 35. Eine Art gehobener Travellertreff, im alten Kolonialstil, mit wunderschönem Patio, für den Preis wirklich gut. Sehr beliebt, deshalb, möglichst früh auftauchen, bzw. reservieren. Schräg gegenüber das gute Restaurant Santa Fe, mit offener Küche.

Gut, preiswert und lange solide (nun aber doch einmal renovierungsbedürftig) auch das Hotel Francia*-**, 20. de Noviembre 212/Trujano, nur ein Block vom Zocalo, gutes Restaurant im Haus; Zimmer nehmen, die nicht direkt zur Hauptstraße gehen, sonst leider laut.

Ferngespräche gegenüber aus der Farmacia, (etwas versteckt) evtl. fragen.

Hotel Meson del Rey*-**, Av. Trujano 212, Tel. 600 33, zentral, mit gutem, und relativ preiswertem Restaurant. Im Haus war eine *Caseta de larga Distancia* für Ferngespräche, seit Ende '89 außer Betrieb. Abgeschlossener Parkplatz.

Hotel Reforma, Reforma 102, Tel: 67144, solide mit Dachterrasse.
43.000 Pesos (weiter es Billighotel um die Ecke)

Gehoben bis Teuer

Hotel Presidente***, 5. de Mayo Nr. 300, Tel. 606 11. Sonst sind die Hotels der Presidente-Kette kaum zu empfehlen, dieses hier liegt aber sehr schön, ein umgebautes Kloster aus dem 16. Jh., ruhig, schöne Architektur, aufwendig restauriert. Ein sehr angenehmes Hotel mit allem Luxus, Pool. Allerdings: Bei Einzelbuchnung sehr teuer, möglichst handeln, sonst uninteressant. Sehr viele Reisegruppen, sehr viele Amerikaner. Kann von Mexico-City aus zu einem Sondertarif reserviert werden, vgl. dort unter 'Hotel del Prado'.

Ebenfalls gut in der Nobelklasse: Mision Oaxaca***, Jalisco 15, Tel. 50100.

Weiter außerhalb oder preiswert

Sehr gut, bei Mittelklassepreisen das Hotel del Valle*-**, große Kapazität, Calle G. Diaz Ordaz, 4 Blocks südl. vom Zocalo, Richtung South-Busstation. Neben dem Hotel das sehr oft gelobte Restaurant ALEX, gutes Frühstück, gute Comida Corrida.

Für Autofahrer und Busreisende ist das Hotel Veracruz** gut geeignet, Av. Heroes de Chapultepec Nr. 1020, direkt neben dem außerhalb gelegenen ADO-Busterminal, mit nachts abgeschlossenem Parkplatz, sehr sauber, gutes Restaurant.

Ein paar Meter weiter in Richtung Zentrum das gute Restaurant 'La Cabaña Embrujada' mit einem engagierten, netten Wirt.

Preiswert: Posada Margarita*, altes Kolonialgebäude bei der Santo Domingo Kirche.

Etwas außerhalb Oaxaca, rechts an der Straße nach Mitla/Yagul: Posada de los Arcos*, mit Appartements in schöner Umgebung, eine ruhige, gepflegte Oase, ideal für Leute mit Mietwagen. Sehr gutes Restaurant (Klassiker: Avocados mit Thunfisch!!).

▪ Essen

Viele Restaurants und Cafes liegen um den reizvollen Zocalo. Man kann dort interessantes Treiben verfolgen, leider sind einige Häuser in bester Lage auch die teuersten, obwohl sie nichts Außergewöhnliches zu bieten haben: Service häufig schleppend, Speisen wenig schmackhaft (eben so wie Schauplätzen üblich, aber für einen Cafe dennoch gut). Ein paar Meter vom Zocalo entfernt bekommt man dann wieder gutes Essen für weniger Geld.

Ganz gut ißt man im Hotelrestaurant vom Senorial. Guten Cafe gibt's im 'El Marques'.

Das Restaurant von Dona Elipidia ist seit Jahren ein Tip in Oaxaca. Es gibt dort sehr gutes Essen in angenehmer Umgebung, aber nur mittags zwischen 13 und 17 Uhr, auch nur als 5-gängiges Menü, relativ preiswert. Das Speisen im wunderschönen Patio ist ein Erlebnis. Es gibt außen kein Schild, das Restaurant liegt in der Av. M. Cabrera 413, 5 Blocks südlich vom Zocalo.

Sehr gutes Essen auch bei 'El Arca de Emmanuel', Calzada Hereros de Chapultepec (1/2 Block rechts gegenüber der ADO-Busstation) also etwas außerhalb, aber der Weg lohnt.

Ebenfalls ein Klassiker - aber nicht eben billig: La Flor de Oaxaca, Armenta y Lopez, Nr. 311-313.

Travellertreff 'Lixhi-Inn' (Casa de Chocolate) in der Independencia, Nähe 20. de Nov., ein Laden mit Cafe, gute Licuados und Yoghurt, billig. Schöner Patio, der auch die gedehnte Bedienung vergessen läßt.

El Sol y La Luna, Calle Murgia. Beliebter Travellertreff, oft Live-

Musik (Salsa oder Jazz), gutes Frühstück, abends Drinks.

Vegetarisch: In der Av. Morelos, zum Museum Rufino Tamayo (Name unbekannt), Sonntags üppiges Buffet, wochentags gute Menüs.

■ Verbindungen

Über Ostern und im Sommer können die Flüge und die 1.Kl.-Busverbindungen nach Oaxaca und die Verbindung Oaxaca - San Cristóbal stark gebucht sein, so früh wie möglich reservieren.

Verbindung *Stadt - 1.Kl. Terminal*: Der Bus 'Circuito' passiert auf seinem Rundkurs beide Terminals (Bus) und die Innenstadt - aber nicht für Frühanschlüsse! Busterminal in der Stadt nur für 2. Kl. Busse!

Nach Villahermosa auch Nachtbus: Oaxaca ab ca. 17 Uhr. Villahermosa an 6 Uhr. Anschluß nach Palenque: 8 Uhr. Gutes Flughafenrestaurant.

San Cristóbal de las Casas (über Tuxtla Gutierrez). Die Direktverbindung nach S.C. ist oft stark belegt, es fahren nun täglich bis zu drei Busse, 1.Kl. Bus, der Gesellschaft 'Cristóbal Colon', ab: Ohne Umsteigen nur um 7 Uhr, 19.30, 22, 24 Uhr mit Anschluß am 1.Kl. Terminal an der Panamericana. Zeit: 12-14 h (kann sich ändern, checken).

Alternative: Mit ADO über Arriaga (Verkehrsknoten an der Westgrenze des Bundesstaates Chiapas, an der küstennahen Mex-200). Mit Übernachtung: Oaxaca ab: Einmal morgens und noch einmal vormittags, Arriaga an: gegen 15 und 17 Uhr. Arriaga ab nächster Tag 11 Uhr, Tuxtla an gegen 13.30. In Arriaga div. Hotels, außerhalb der Parador Nacional. Der Ort ist noch ohne jeden Tourismus, man erlebt sich dort im Rollentausch, oft als den Angestarrten, auch mal eine heilsame Erfahrung, die Exotenrolle zu fühlen . . .

Tuxtla Gutiérrez (Von dort Anschluß nach : S. Cristóbal) Täglich Flüge via Villahermosa.

Bus: Tägl. 1.Kl.Bus 'Cristóbal Colon'. Ab: 7, 19.30 und 22 od. 23 und 24 Uhr, nur der 7-Uhr-Bus hat Direkt Anschluß nach S. Cristóbal, die anderen mit kurzer Wartezeit. 2.Kl.: Ab: 17.30 und 21 Uhr, ab Tuxtla: 6 Uhr, Anschluß nach S. Cristóbal.

Die erste Etappe der Strecke bis *Tehuantepec* ist für Landschaftsfreunde interessant: Man fährt durch ausgedehnte Kakteenwälder. Einen Stopp lohnt auch Tehuantepec - nichts Aufregendes aber mexikanische Provinz.

Unterkunft in Tehuantepec: La Tehuanita*, 10 Fußminuten vom Cristóbal Colon Bahnhof, Zimmer mit Dusche; weitere Hotels am Ort. Busanschlüsse nach Tuxtla Gutiérrez, vgl. unter Verbindungen Puerto Angel. Zusteigen in Tehuantepec nach S. C. gegen 11.30/12 Uhr möglich.

Puerto Escondido, Puerto Angel: die Busfahrt zu den beiden Pazifikbadeorten gehört landschaftlich zu den reizvollsten Strecken, die man im Bundesstaat Oaxaca, ja vielleicht in ganz Zentralmexiko fahren kann. Früher eine wilde Trasse, jetzt ist die Strecke ganz asphaltiert. Dennoch sehr eindrucksvoll, auch mit dem Mietwagen sehr lohned. Aber Leserwarnung: "Auf der Straße Steinschlag, Größe ca. Kleinbus."

B u s : Tägl. jetzt auch zwei 1 Kl. Direktbusse nach Puerto Escondido, ab Hotel Meson del Angel (derzeit 8 und 22.45 Uhr, ca. 6 h).

Sonst mehrm. täglich ca. 7 h, aber nur mit 2.Kl.; Gesellschaften: 'La Solteca' oder 'Oaxaca Pacifico', ab 2. Kl.Terminal, Bussteig Nr. 32 bzw. 22. Oder 'Estrella de Valle', 2.Kl.

Bitte beachten: direkt nach Puerto Angel geht derzeit tägl. nur ein Bus 2. Kl., aber: 3 mal tägl. mit 'Oaxaca Pacifico' bis Pochutla (12 km vor Angel) dort umsteigen und weiter in Sammeltaxi. Vgl. auch Verbindungen Puerto Angel).

Flugzeug: Neuer Jet-Flugplatz bei Puerto Escondido, derzeit aber nur 4 x wöchentl. mit Mexicana nach Mexiko-City, Verbindungen werden ausgebaut. Häufig Verbindungen mit Kleinflugzeugen der 'Aero Oaxaqueñas', täglich außer bei Schlechtwetter. Die Buchung klappt nur in Oaxaca zuverlässig. Sehr, sehr schöner Flug (Bis Ende 1988 noch mit der alten DC 3, nun mit modernerem Gerät); 40 Min., ca. 150 Mark. Res. Oaxaca: Tel: (951)-63833, 63824.

Flüge

Mexico-City, siehe dort u. Verbindungen.

Acapulco, Mex.-City, häufig mit Aeromexico und Mexicana. Evtl auch mit der Regionallinie Aeromorelos.

Mérida, mehrm. tägl., mit stopover in Villahermosa.

Nach *Cancún, Tuxtla, Mérida* mit Aerocaribe.

Reisenostalgie anno 1984: "Die Strecke von Oaxaca nach Puerto Angel ist wirklich ein einmaliges Erlebnis, wenn auch etwas stressig. Unbedingt in Oaxaca volltanken, die nächste Tankstelle ist erst in Pochutla, ca. 8 km vor Puerto Angel. Wenn man die Strecke nicht kennt, kommt man kaum schneller als 40-50 km/h voran. Kurven, Kurven. Der Wechsel zwischen karger Vegetation im Hochland und tropischem Regenwald mit all seinen Geräuschen ist einfach atemberaubend. Und, auch wenn man sie nicht sieht, überall sind Menschen ..."

Zugbahnhof: Der Bahnhof liegt außerhalb, westlich vom Zocalo (Plan), Anfahrt mit Taxi oder dem Bus 'Circuito', der einen Rundkurs fährt. Es gibt Tag- und Nachtzüge nach Mexico-City (vgl. dort unter 'Zug'). Die Nachtzüge sind komfortabler, reservieren unerläßlich.

■ Adressen

Turismo, Garcia Vigil/Independencia (s. Plan), informiert auch über die aktuellen Taxipreise. Taxis am Zocalo, Post, Independencia (s. Plan).

Markt 'Bazar' in den Hallen 2 - 3 Blocks südl. vom Hotel Plaza, sehr sehenswert, einfache Garküchen, ideal zum Beobachten.

Umgebung Oaxaca

Neben den klassischen Zielen Monte Alban und Mitla (s.u.) bietet die nähere Umgebung noch zahlreiche lohnende Ausflugsziele, sehr reizvoll auch die vegetationsreiche Landschaft während der Regenzeit. Auf Touren in die Umgebung sollte man zurückhaltend (besonders beim Fotografieren) sein und die lokalen Gegebenheiten respektieren. Gerade das aufdringliche Fotografieren in Indiodörfern ist ja eine Unsitte.

▪ Ausflüge und Markttage: Eine sehr schöne Strecke - bes. für Mietwagenfahrer - führt nach Gueletao, 65 km nördlich; 12 km südwestlich Oaxaca liegt Cuilapam, mit einem schönen Dominikanerkloster von 1555.

Anfahrt: Stadtauswärts in Richtung Monte Alban, nach dem Atoyac-Fluß links, dann Beschilderung.

▪ Für Teppiche ist vor allem das Dorf *Teotitlan del Valle* bekannt, ich finde zu bekannt. Großes Angebot.

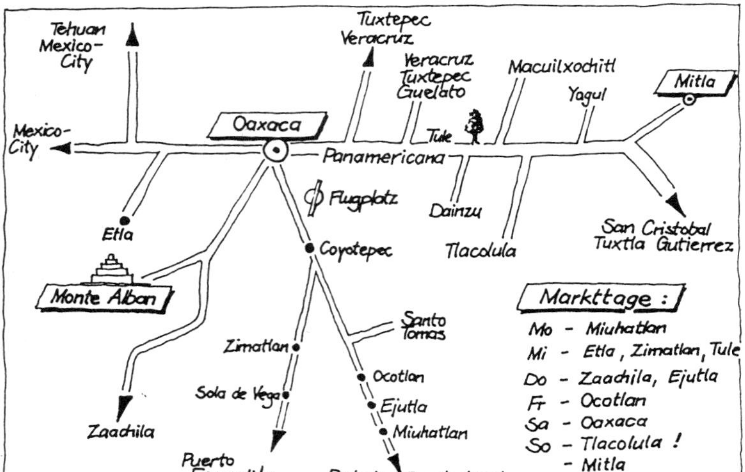

Monte Alban

Die archäologische Zone liegt 10 km westlich Oaxaca auf einem Hochplateau, 400 m über dem Niveau Oaxacas. Es ist die klassische Sehenswürdigkeit der Gegend - schon die Anfahrt ist einzig. Dann: mächtige Gebäude im Hochland plaziert. Man sollte möglichst früh anfahren dann bleibt Zeit für mußevolle Rundgänge, dazu kommt, daß die Steinreliefs sich dann am schönsten beleuchtet zeigen. Einmalig auch das Licht- und Schattenspiel in der Landschaft.

▪ Anfahrt: Taxi oder Bus - ab Hotel Maison del Angel, Mina 518, 5 Blöcke (Cuadras) westlich vom Zocalo (Plan). Karten dort. *Autobuses Turisticos*, ca. 5 mal täglich, davon drei mal vormittags. Man muß die Rückfahrt fest buchen, kann aber trotzdem einen Bus später fahren, hat dann mehr Zeit, letzter Bus gegen 17.30 Uhr. Erster hin: 9.30 Uhr.

Mitla/Yagul

Mitla erreicht man nach 42 km auf der Panamericana, die Strecke führt über *Santa Maria del Tule*, einem Ort, der mit dem angeblich ältesten Baum der Welt einen Stammplatz in jedem Reiseführer abbekommen hat, dort Mi Markt. Noch vor Mitla erreicht man die Abzweigung nach Yagul:

Y a g u l ist die dritte und am wenigsten besuchte archäologische Zone im Hochtal von Oaxaca. Wer für den üblichen Besichtigungsrummel mit Bussen und Gruppen nichts übrig hat, sollte hier seine Zeit verbringen. Schöne Aussicht und feine Stimmungen. Die Zone besteht aus zwei Sektoren: Die Unterstadt mit Tempeln und Palästen, darüber ein Hügel mit einer Festung, der Aufstieg dorthin lohnt schon wegen der Sicht! Architektonisch repräsentiert Yagul ein Zwischenstadium zwischen Monte Alban und Mitla. (Von der Abzw. bis zur Zone ca. 2 km Fußweg, bzw. Collectivo).

Noch vor Yagul kann man rechts nach *Tlacolula* abbiegen, bunter

Sonntagsmarkt. Noch vor Tlacolula an der Panamericana Abzweigung nach Teotitlan del Valle, bekannt für kunstvolle Webereien, viel touristischer Rummel, trotzdem lohnend. Schöne Teppiche!

M i t l a schließlich ist eine archäologische Zone, die nicht so sehr durch ihre großen Bauwerke besticht, faszinierend ist vielmehr die reiche und gut ausgeprägte Steinornamentik der Stätte. Mitla ist kleiner, esoterischer, aber nun leider nicht mehr ruhiger als Monte Alban. Es sind jetzt auch hier zunehmend laute Touristengruppen im Schnelldurchlauf zu sehen, dennoch ruhiger als Monte Alban.

In Mitla ein kleines Museum mit Zapotekenexponaten, im Patio ein Cafe. Daneben die 'Posada la Sorpresa', mäßige Übernachtungsmöglichkeit, ebensolches Essen. Direkt bei den Ruinen ein 'Mercado de Artesanias' und ein gutes Restaurant mit angeschlossenem Hotel.

▪ Busanfahrt vom Bahnhof Oaxaca, neben dem Markt, 5 Blocks westlich vom Zocalo, an der Umgehungsstraße Perificio, mit *Fletes y Pasajes*, alle 1/2 h, So alle 15 Minuten, ab Bussteig Nr. 16. Der Bus hält in Mitla an der Westseite des Ortes, von dort 15 Fußminuten zum Zentrum.

Feste und Folklore

16 Sprachen, über 200 Dialekte, mehr als 450 verschiedene Trachten - die Mannigfaltigkeit des Brauchtums ist überwältigend. Oaxaca ist sicher der Bundesstaat in Mexiko mit der größten folkloristischen Vielfalt im Lande: Den Auftakt bilden in Oaxaca die 'Guelagatza' (Darbietungen, in der Zapotekensprache): Beginn der Monate dauernden Guelagatza am 21. März, mit den 'Juegos Florales'. Am 15. Mai Uni-Ferien mit Feiern. Am 16. Juli und an den zwei folgenden Montagen große Feierlichkeiten. Feiern zum Unabhängigkeitstag 15./16. Sept., Feuerwerk am 20. Nov. Feste in der Umgebung: 25.7. Culiapan. 24.8. San Bartolo de Coyotepec. 31.8. San Ramon. 8.9. Huatla de Jeminez und Teotitlan del Valle. Am 2. Montag im Oktober 'Baumfest' in S.M. del Tule. 11.10. Tlacolula. Jeweils beim Turismo checken!

Zwischen Mexiko-City und Acapulco

G u e r n a v a c a , 80 km südlich, 190 000 E. Hauptstadt des Bundesstaates Morelos, angenehmes Klima, reiche Vegetation. Ein recht gepflegter Nobel-Ferienort, beliebt besonders bei betuchten Mexikanern. Im Ortszentrum viele Hotels und Restaurants und die Infrastruktur eines Ferienortes. Trotz der hohen Preise bietet der Ort mehr als das überlaufene, herausgeputzte - und auch nicht billige Taxco. Viel wichtiges um den Zocalo (z.B. Harrys Grill, gut).

▪ Anfahrt: Bus ab Terminal Sur, div. Gesellschaften, alle 15 min., ca. 90 min. Ausfallstraße Mex-95, Richtung Acapulco.

T a x c o , 160 km südl., zunächst Ausfallstraße Mex-95 nach Acapulco, 80 000 E., Standardausflungsziel, daher recht überlaufen. Schöner, kolonialer Stadtkern, unter Denkmalschutz. Die Stadt gehört - nicht zuletzt wegen der teuren Einkaufsmöglichkeiten für Silberschmuck - zum Ziel prakt. jeder organisierten Tour. Wirklich reizvolle Lage, herrliches Panorama bei der Anfahrt auf der Landstraße. Alles zwar recht touristisch (Silberschmuck in Taxco teuer, besser in anderen Orten kaufen!), aber die Lage, der romantische Stadtkern und die reiche Vegetation lohnen den Besuch. Die Stadt verdankt ihre historische Bedeutung den nahen Silberminen, von hier gelangte das erste 'Kolonialsilber' nach Spanien.

▪ Unterkunft: Preise generell recht hoch, Auswahl nicht allzu groß. Hotel los Arcos**, Juan Ruiz de Alarcon Nr. 2, Tel. 21 836. Konstant sehr angenehmes Haus, Schwimmbad, Terrasse, gutes Restaurant. Ebenfalls gut, preiswert: Los Reyes, um die Ecke vom Arcos. Oder: Hotel Agua Escondida*-** am Zocalo, vor der Kirche. Schöne Terrasse, angenehme, gepflegte Zimmer, Pool.

Viele der Restaurants am Zocalo sehr touristisch und teuer.

Pazifikküste

Acapulco

Im Großraum ca. 1 Mill. Einwohner, größter und mit jährlich ca. 5 Mill. überwiegend US-amerikanischen Gästen meistbesucher Ferienort an der mex. Pazifikküste. Ca. 400 km südl. Mex.-City. Internationaler Flugplatz. Rummelplatz mit praktisch ganzjährig idealem Badeklima, Hochsaison - mit deutlich erhöhten Preisen - zwischen November bis Ostern, absolut voll Weihnachten/Neujahr.

Der immer wieder totgesagte Freizeitpark am Pazifik ist nicht unterzukriegen: übelaufen, teuer, laut ... und immer noch, und neuerdings wieder mehr, begehrt und dreckig. Und ein paar schöne Ecken gibt's natürlich - wer's garnicht lassen kann: Das Theater Acapulco spiegelt alle Probleme des Landes. 418 km südlich Mexico-City wird auf dem Vulkan getanzt: Amor y lujo, Arm und Reich, alles beisammen. Der Ort hatte 1950 ca. 150 000 Ew., jetzt wohnen und vegetieren dort ca. 1 Million, und jedes Jahr erholen sich Millionen Urlauber in diesem Szenario. Viele Arme wurden von dem vermeintlichen Paradies angezogen, sie errichteten Elendshütten an den grünen Hügeln von 'Aca', verdienten ihr Geld mit allem Möglichen und Unmöglichen. Auf die Dauer konnte die Tourismusindustrie (in Acapulco werden 30% der gesamten Tourismuseinnahmen gemacht) diesem Treiben nicht zusehen: Dieberei und Bettelei störten die Fassade. Jetzt sind die Hütten eingerissen, 700 000 Bäume Mitte der 80er wurden frisch gepflanzt, die Armut zog weiter, z.B. in das Getto 'El Renacimieto'. Die Bühne ist wieder frei für Eitelkeiten ...

Wer jetzt immer noch im warmen Pazifik dümpeln möchte, sollte seinen Tag in 'Aca' etwa so gestalten: Morgens um 10 per Taxi über die 10 km lange, palmengesäumte Strandavenida *Costera Miguel Aleman*, zu einem der In-Strände, wer alles ausgecheckt hat, kann sich mit dem Kahn dann auch zum ruhigeren La Roqueta-Inselstrand bringen lassen. Am legendären Kontaktstrand Playa de la Condesa, im Zentrum zwischen den Hotels 'Continental' und 'Presidente', wird's natürlich erst ab 12 interessant. Romantiker treffen sich ein paar hundert Meter weiter im Südosten an der Playa Los Hornos zum Sonnenuntergang. Abends viele Strandfeste. Am frühen Abend Shopping und Bummel an der Costera. Essen ebendort. Zum Night Fever in die Discos an der Costera, usw. usf. Und wem alles auf die Nerven geht, der flüchtet ca. 10 km nach Norden an die ruhige Pie de la Cuesta, vgl. unten.

■ Unterkommen

Für ein oder zwei Nächte - und wer will schon länger bleiben - genügen die folgenden Tips:

An der Küstenstraße 'Costera', Hotel Embassy**, Tel. 40 273, strandnahe Lage mit Pool, zumindest außerhalb der Hochsaison nicht überteuert und solide.

Hotel Liliana*, Lopez de Lagazpi 1621, Tel: 51048, Neubau mit Pool, ordentlich, im alten 'mexikanischen' Acapulco, beim 2 Kl. Busbahnhof (Zihuatanejo, Escondido), hinter der Playa Hornos.

Die Herberge CREA des Studentenverbandes *Setej*, liegt in Balconas al Mar, Ardilla 121, ca. 8 km außerhalb, direkt am Meer, an den Klippen. Sehr preiswert. Teile waren als ehemaliges Luxushotel geplant und direkt in den Fels gebaut. Strand ca. 10 min mit dem Bus entfernt. Gut zum Ausspannen oder nur zum Sonnenuntergang schauen. Busse z.B. ab Aca. von der Costera, gegenüber der Post, aber alle Busse nach 'Pie de la Cuesta' sind gut, in Balconas al Mar aussteigen, diese Busse fahren dann auch von der Herberge zum Badestrand in Richtung Pie de la Cuesta.

■ Die schönsten und ruhigeren Strände liegen natürlich nicht unbedingt direkt vor der Küstenstraße bei Acapulco, lohnend deshalb auch der kleine Ausflug zur vorgelagerten Insel *Roqueta* (oft Fähren). Schöner Strand schon beim Anleger. Um die Insel führt ein ca. 1 ½ Stunden Rundweg, meist im Schatten, mit schönen Panoramen, auch zum offenen Meer hin.

▪ *Pie de la Cuesta*: Badesiedlung, ca. 15 km nordwestl. Die etwas ruhigere Alternative zum Erhohlen und nur auf's Meer schauen: Hotel Ukae Kim**, direkt am Strand mit pool und Restaurant, sehr schöne Zimmer, manche mit Meerblick. In der Hochsaison teuer, dazwischen für das Gebotene o.k. Busverbindung ab Acapulco Markt.

▪ Hinkommen-Wegkommen

Mexiko-City: Mit Aeromexico mehrmals täglich. Ca. alle 30 min mit 1. Kl. Bus 'Estrella de Oro', ab Mexiko-City, Terminal Sur, Karten auch im Greyhound-Büro, Reforma 27, Zeit ca. 7 Stunden.

Von Aca Flugverbindung nach Oaxaca, Villahermosa, Merida, Cancun und internat. Destinationen.

Busse: Nach Puerto Escondido nur 2.Kl.-Bus 'Fecha Roja', gegen 9 Uhr morgens, direkt. Oaxaca; Zihuatanejo (vgl. unten) auch 1.Kl.

Westlich Acapulco an der Mex-200:

Zihuatanejo

Die ruhige Alternative zu Acapulco, leicht zu erreichen. 240 km westlich auf der Küstenstraße 200 (außerdem Jet-Flugplatz). Mit ca. 30 000 E. und der üblichen touristischen Infrastruktur natürlich auch kein verschwiegner Ort mehr, aber doch wesentlich überschaubarer als Acapulco. Im Ort viele und gute Fischrestaurants. Teurere Hotels in der benachtbarten Edelferiensiedlung Ixtapa.

■ Unterkunft über der Bucht von Zihua: Bungalows Pacificos*, Ferienwohnungen in einem Terrassenhaus, Anlage wird von einem Deutschen betrieben.

Einfach und preiswert: Casa de Huespedes, direkt am Meer. Jugendherberge im Ort, Av. Zuhua.

Östlich Acapulco

Puerto Escondido Puerto Angel

Zu Beginn der 80er waren die beiden Orte an der Pazifikküste noch Fischerdörfer mit bescheidenem Tourismus, Escondido immer schon größer und lebhafter als Angel, aber verglichen mit Acapulco stille Badeplätze. Dies hat sich Jahr um Jahr geändert - und wird sich in den nächsten Jahren noch mehr ändern. Die Straße 200 aus Acapulco ist fertig, auch die Straße nach Oaxaca ist gut ausgebaut, der Jet-Flugplatz in Escondido mit Anschlüssen nach Chicago seit Jahren eröffnet, so werden die Orte jetzt stärker besucht und man muß in der Zukunft mit weiteren Veränderungen - besonders in Puerto Escondido - rechnen, und das heißt eben Erschließung, mehr Beton, weniger Sand. Dazu kommt, daß auch die lokalen Behörden alles zur Förderung des Tourismus tun. So haben die Hoteliers in Puerto Escondido in den letzten Jahren zinslose Kredite bekommen, um ihre Häuser aufzumöbeln und neue Kapazitäten zu schaffen.

Trotzdem, beide Orte, besonders natürlich das viel ruhigere Puerto Angel, zählen sicher zu den 'kleineren, originelleren und schöneren' Küstenorten am Pazifik und sind damit ganz sicher eine Alternative zu den immer problematischer werdenden Badeorten an der Karibikküste. (Wie: Isla Mujeres, Cancun, Cozumel etc.). Der Tourismus hat noch nicht alles versaut, es fehlt mancher Luxus, aber dafür gibt's für Leute die suchen können Wasser, Sand & Sterne satt...

Nächste Seite: Gewitterstunde am Pazifik

Puerto Escondido

Ca. 20 000 E., versteckter Hafen - wie erwähnt, so heimlich geht's hier schon seit Jahren nicht mehr zu. Das Leben spielt sich entlang der Hauptstraße *Avenida Perez Gasga* ab, der Ort hat keine echten Zocalo, entlang der Perez Gasga, die in einer weiten Schleife von der Durchgangsstraße Costera Richtung Meer führt, liegt alles Wichtige. Seit Jahren und noch immer wird viel gebaut - man wartet auf den großen Acapulco-Boom . . . Die meisten Gäste sind derzeit noch leicht alternativ angefärbte US-Amerikaner, darunter wegen der extremen Brandung viele Surfer, zum reinen Baden ist Escondido, wie auch Angel, nicht vorbehaltlos zu empfehlen, vgl. unten.

■ Unterkunft Essen

Zimmer während der Hochsaison (Weihnachten - Ostern) möglichst im Vorraus reservieren. **i**-*Büro in der zentralen Av. P. Gasga.*

Hotel Rincon del Pacifico**, Tel. 20056. In Postkartenlage im Ortszentrum, nahe 'Strand, Palmen und Meer'. Kein Luxushotel, aber für einen Ferienort gute Unterkunft.

Daneben, auch in schöner Lage, das 'Las Palmas', von dem nicht viel Gutes berichtet wurde. Aber neben dem Rincon ein Trailor-Park mit einem seit Jahren guten italienischen Restaurant, feine Salate. Gegenüber dem 'Rincon' das gute Restaurant 'Norma'.

El Paraiso Escondido**, bei der Farmacia Paris, Ecke Restaurant Ecke am westlichen Teil der Perez Gasga, über die Treppen nach unten. Kleines verspieltes Hotel, sehr saubere Zimmer mit Pazifikblick, Balkon, kleiner Pool im Garten, gutes Restaurant, eben ein 'paraiso escondido' einer der Besitzer ist gebürtiger Deutscher. Die Zimmer können schon von hier aus reserviert werden: Apdo. Postal 20 - 187, oder ruf doch mal an: 5598953.

Castillo del Reyes*-**, Av. P. Gasga, schöne helle Zimmer, familiäre Atmosphäre.

Hotel Loren*, Perez Gasga 507, Tel: 20057. Oberhalb der Hauptstraße, bis zum Strand ca. 5 min. Preiswert und freundlich.

Noch zwei lauschige Übernachtungstips: Santa Fe**, noch vor der Brücke an der Ortseinfahrt von Puerto Angel, nach links zum Meer, 22 Zimmer direkt über dem Strand, bepflanzter Patio, gute Küche.

Einfach

Roca Mar*, am Ende der Fußgängerzone, oft noch freie Zimmer, wenn sonstwo voll. Schräg gegenüber das gute Restaurant Posada (Langusten!!). Beim Busbahnhof: Hotel Juan*, preiswert, mit Badezimmer.

Der Strand dirket beim Ort war in den letzten Jahren oft ungepflegt, viel Müll. Die Brandung an der hier sehr offenen Küste kann manchmal sehr stark werden, es entwickelt sich dann ein gefährlicher Sog - Baden oder Schnorcheln wird dann unmöglich, bzw. lebensgefährlich. Im Hochsommer bullt die Hitze unerträglich.

▪ Umgebung Escondido

Wer vom Rummel, der ja immer mehr zunimmt, genug hat, sollte gleich nach Puerto Angel weiterziehen oder einen Ausflug in die weniger belebten Strandregionen der Umgebung machen:

Nach Norden hin beginnt zwischen der Mex-200 und der Küste eine ausgedehnte Bucht- und Lagunenlandschaft, viele Wasservögel, einsame Strände, da und dort werden auch einfache Hütten vermietet. Eine Straße zum *Parque Nacional Lagunas de Chachahua* (80 km in Richtung Acapulco) wurde ausgebaut, dadurch könnte die Ruhe in dieser schönen Region bedroht werden, bis vor kurzem jedenfalls lohnte ein Besuch. Bus ab 'Pemex' Station morgens ganz früh (im Turismo fragen), Bus fährt bis *Pueblo Nuevo San Jose Progresso* (Ort nach Santa Rosa), dort in ein blaues Camioneta umsteigen. Oder bis Rio Grande fahren u. dort in ein Camioneta bis Zipolito, von dort mit Booten durch das Vogelschutzgebiet bis Chacagua.

Zu sehen gibt es in Chacahua (auch: Chacagua) schönste Lagunenlandschaft, im Oktober und November legen Schildkröten ihre Eier am Strand (wer das beobachten möchte, muß sich aber unbedingt mit den Soldaten abstimmen, die die Gelege bewachen!!). Die einheimische Bevölkerung ist sehr freundlich.

▪ Unterkunft: Bislang nur in einfachen Cabanas oder Hängematten.

▪ Verbindungen

Die Straße nach Acapulco ist durchgehend fertig, auch die Brücken sind befahrbar. Ebenfalls gut ausgebaut die Strecke in Richtung Puerto Angel - Salina Cruz (vgl. auch Verbindungen Puerto Angel).

Nach Osten: Diverse Busverbindungen in Richtung Puerto Angel - Salina Cruz. Alle Busse fahren über Pochutla. Dort kommt auch morgens um 9 der Bus aus Salina Cruz an, der dann nach Puerto Escondido weiterfährt. Pochutla - Puerto Angel ca. 12 km, Collectivos (Sammeltaxi) und Taxi.

Oaxaca, 2 Kl. Bus ca. 5 mal täglich, Abfahrt im oberen, nordöstlichen Teil des Ortes mit 'Estrella de Oro'. Ca. 7 h. 'Valle de Oro' fährt 2 x tägl. direkt, 2 Kl. nach Oaxaca (Abfahrt aber schräg gegenüber dem Terminal). Tägl. ein 1 Kl. Direktbus, ab 22.45 Uhr.

Acapulco: Lohnende Fahrt mit 2.Kl. Bus 'Estrella de Valle', 6 h, an der Strecke viele interessante Indiodörfer.

Neuer Flugplatz. Mit Mexicana nach *Mexiko-City*, 4 x wöchentl., mit Jet B-727. Mit 'Aerovias Oaxaqeñas' 2 x täglich nach Oaxaca, herrlicher Flug (vgl. auch Oaxaca Verbindungen), Abflug (bisher noch) vom alten Flugplatz, westl. der Stadt, mit kleinen Maschinen, meist Cessna (ca. 70 DM/one way, Ende 89).

Puerto Angel

Ca. 4.000 E., 80 km südöstlich Puerto Escondido, **i**-an der Hauptstraße Av. Prinzipal. Der Ort ist weniger entwickelt, dadurch ruhiger und nicht so booming wie Escondido. Für ruhige Tage am Strand also Escondido eindeutig vorzuziehen. Auch hier werden die Badefreuden manchmal durch gefährliche Brandung und Sog getrübt. Schön Baden und Strandleben besonders am *Zipolite-Strand* (4 km außerhalb, u.a. auch Taxi, bislang noch überwiegend Rucksacktreff, einfache Unterkunft in Strandhütten, Palmenrestaurants, Aussteigeratmosphäre. Vorsicht: auch hier zeitweise gefährliche Strömungen) und in den Buchten östlich, aber auch dort gab es schon mehrere Todesfälle! Ansonsten kann man in Puerto Angel noch ruhige Strandfreuden erleben. Alles in einem einfachen Ort, der reizvoll in einer von steilen Felsen gerahmten Naturbucht liegt.

An der Küste östlich von Puerto Angel ist ein großes Tourismusprojekt im Bau, bzw. fertig: Die *Bahias de Huatulco*, etwa zwischen Rio Coyula und der Bucht Tangolunda, u.a. mit Flugplatz, Club Med., etc. Der Flugplatz ist schon weit gediehen aber der weitere Hotelausbau stockte in den letzten Jahren, (vielleicht auch auch weil der Ex-President in seinem Ferienhaus bei Tangolunda weiter seine Ruhe haben will?). Jedenfalls gibt es noch immer genug herrliche Buchten und Strände in diesem Bereich, so z.B. um Santa Cruz Huatulco.

▪ Unterkunft

Eine reizvolle Unterkunft in Angel bieten Tomas und Gundi Lopes mit ihrer vielgelobten und sehr populären Casa de Huespedes Tomas y Gundi*: 100 m von der Endstation der Busse Pochutla - Angel, liegt das familiär geführte Gästehaus auf einer Anhöhe. Mittlerweile ein Treff für Reisefreaks aus aller Welt. Einfache, ordentliche Zimmer, neuerdings auch 6 Zimmer mit Bad, und Appartements, auch für längeren Aufenthalt. Die Pension ist ca. 2 Minuten zum Strand, locker-informative Atmo. Halb-, Vollpension möglich. Bei Hochbetrieb werden allerdings auch noch die letzten Kammern - zu fast den gleichen Preisen wie die schönen Zimmer vermietet. Etagendusche. Auch Hängemattenlager. Kleine Bibliothek mit Ausleihe für alle Touristen. Postadresse: A.P. 142, 70900 Pochutla/Mex.

Eine weitere preiswerte und sehr gute Familienpension ist die Puesta del Sol* von Harald und Maria Ferber-Ramirez, ca. 300 m von der Busstation entfernt, in Richtung dem schönen Zipolite-Strand, also schon westl. der Brücke über den Arroyo. Es gibt Hängematten und einfache, aber schöne Zimmer, ebenfalls informelle Atmosphäre. Der Wirt, Harald Ferber, gibt Auskunft zu Touren, z.B. zu den oben beschriebenen Buchten im Osten. In der Pension aktuelle Busfahrpläne und Auskunft über Ziele in der Region.

Gleich bei der Pension das gute Restaurant: *Capi*, an der Gabelung nach der nach der Puesta links, dann auf der rechten Seite, am Berg.

Komfortable, gute Hotels direkt am Ort und in Strandnähe gibt es kaum, einfache Übernachtungsmöglichkeiten eher in Richtung Zipolite-Strand und ebendort (vgl. oben). Unter den Hotels ist das Soraya** vielleicht noch die beste Wahl, es liegt schön, zum Strand ist es nicht weit und das Restaurant ist sauber und gut. Eine angenehme Stätte, wenn der Wirt nicht gerade wieder Spinne gegessen hat.

Das Luxushotel Angel del Mar*** liegt außerhalb, in schöner, erhöhter Lage auf einem Kliff, Anfahrt am besten über Pochutla. Ob die Lage den hohen Preis wert ist, bleibt eine andere Frage. Buszubringerdienst nach Angel.

▪ Verbindungen

Oaxaca, vgl. auch mit Puerto Escondido. 1 x tägl. Direktverbindung 2. Kl. Bus, 8-10 h. Mehrm. tägl. jedoch mit Umsteigen in Pochutla (ca. 12 km von Angel), der Busdrehscheibe.

Acapulco über Pochutla-Escondido; über die Busdrehscheibe Pochutla auch nach *Juchitan*.

Salina-Cruz/Anschluß *San Cristóbal*: Straße durchgehend geteert, allerdings wenig Tankstellen unbedingt reichlich Treibstoff bunkern. Man schafft es üblicherweise in einem Tag mit dem Bus über Salina Cruz nach San Christobal:

Busverbindung nach Salina Cruz (ca. 7 x tägl., 4 h, erster Frühbus ab Pochutla ab 5 Uhr, dann stündl.). Weiter ab Salina Cruz Stadtmitte mit Stadtbus nach Tehuantepec (alle paar min., Fahrzeit 20 min.).

Von Tehuantepec (die Busbahnhöfe und Haltestellen liegen um den Zocalo; 1 Kl. ADO und Cristóbal Colon aber außerhalb an der Panamericana). Nach Tuxtla Gutierrez: 5 x 2. Kl., 'Transp. Oaxaca Isthmo'. 1 x 1. Kl. 'Cristóbal Colon', 6 h (vgl. auch Verbindugen Oaxaca, bzw. unten).

Von Tehuantepec nach San Cristóbal: Tägl. ca. 12 - 12.30 mit 1 Kl. Cristóbal Colon. In diesen Bus kann man entsprechend früher auch in Salina Cruz zusteigen. Funktioniert aber nur, wenn kein großer Andrang, bzw. wenn genug Tickets übrig sind. (Zeiten haben sich öfter geändert, nachprüfen).

Salina Cruz ist ein Ölhafen und Marinestützpunkt, unschöner Strand, triste Stadt, recht herb!

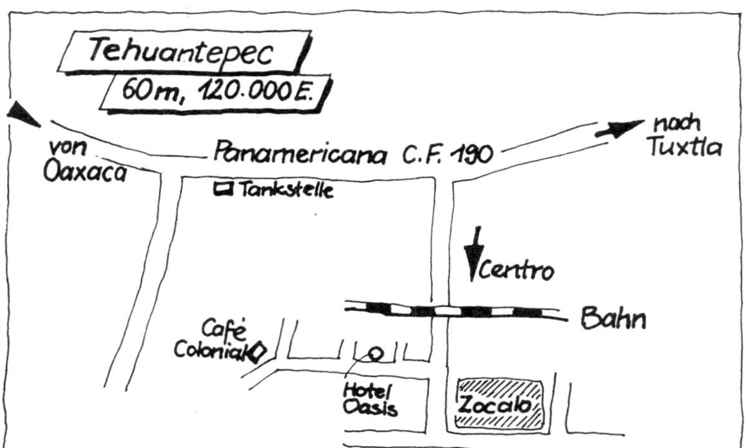

Villahermosa

400 000E., 5 m. Villahermosa - schöne Stadt - verdient ihren Namen schon lange nicht mehr. Die rasch und chaotisch gewachsene Stadt liegt im Zentrum des Ölexplorationsgebietes der Bundesstaaten Tabasco und Chiapas. Auch die am Reißbrett angelegten geraden Avenidas und die neuen Fußgängerbereiche in der Innenstadt vermitteln keinen großstädtischen Charme. Wichtiger Flugplatz.

Die Ölfunde der letzten Jahre haben die frühere Kleinstadt in kürzester Zeit rapide wachsen lassen - mit allen negativen Folgen. Man merkt, daß hier Geld gemacht wird. Das stets heiße und stickige Klima und die häufigen Regenfälle erschweren zusätzlich das Reisen. Den negativsten Eindruck von Villahermosa bekam ich bei Besuchen zu Begin der 80er Jahre, als der Ölboom seinen Höhepunkt erreicht hatte. Ein unglaubliches Chaos im damals noch recht engen Zentrum, unfreundliche Hoteliers, hektische Atmosphäre, jeder der wenigen Bäume in der City von abertausenden kreischender Vögel okkupiert. Dann die Elendsviertel unten am Rio Grijalva, wenig entfernt die Luxushotels, in denen die Ölleute damals schon für 200 Mark pro Nacht wohnten und zechten. Keine Zimmer frei, Chaos auf dem Flugplatz. Dazu die stehende Hitze, Lärm und Gestank, der einem den Atem nahm . . .

Nachdem der Ölboom abgeflacht ist, haben sich die Verhältnisse wieder etwas konsolidiert. Im Zentrum wurde großzügig - aber wenig geschmackvoll - begradigt und begrünt, jetzt dürfen sogar Brunnen plätschern. Der neuer Flugplatz funktioniert, man bekommt wieder Zimmer zu einem einigermaßen vertretbaren Preis. Im Stadtzentrum eine Fußgängerzone angelegt, die - je nach Jahreszeit und Konjunktur - verweist oder hektisch wirkt. Verschwunden ist auch diese eigenartige Ölrauschmentalität, es herrscht wieder Alltag, das heißt auch Resignation bei den Hilfsarbeitern der PEMEX, sie wohnen nach wie vor in den Hütten am Rio Grijalva. Die Träume sind dahin. Bei Hochwasser stehen die Hütten knöcheltief unter Wasser, dann stellen die Leute ihre Fernseher höher und das Hausschwein darf auf den Tisch, Hängematten werden nach oben gezurrt.... Vorbei die Rennen wildgewordener Autocowboys

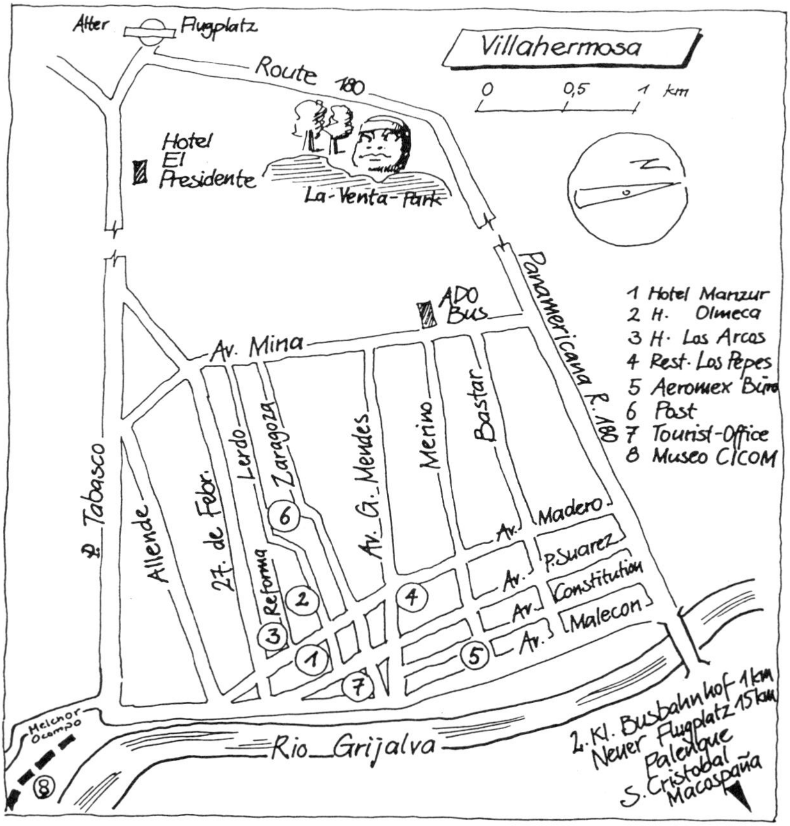
Villahermosa
Alter Flugplatz
Route 180
0 0,5 1 km
Hotel El Presidente
La-Venta-Park
ADO Bus
Panamericana R. 180
1 Hotel Manzur
2 H. Olmeca
3 H. Los Arcos
4 Rest. Los Pepes
5 Aeromex Büro
6 Post
7 Tourist-Office
8 Museo CICOM
Av. Mina
Lerdo
Zaragoza
Av. G. Mendes
Merino
Bastar
Tabasco
Allende
27. de Febr.
Reforma
Av. Madero
Av. P. Suarez
Av. Constitution
Av. Malecon
Melchor Ocampo
Rio Grijalva
2. Kl. Busbahnhof 1 km
Neuer Flugplatz 15 km
Palenque
S. Cristobal
Macospaña

durch die Innenstadt, die Halden der Toyos, Broncos etc. stehen bei den Händlern. Villahermosa bestätigt einmal mehr die alte Reiseerfahrung, daß Städte und Regionen, in denen Öl gefördert wird, für Touristen wenig einladend sind, manchmal sogar abstoßend.

Warum ausgerechnet nach Villahermosa

Trotz allen Beschwernissen ist Villahermosa für besonders Kulturinteressierte eine wichtige Station am Gringo-Trail: Einmal wegen dem gerühmten Freilichtmuseum im *La-Venta-Park*. Der allerdings, je nach Stand von Bauarbeiten und Regenzeit, auch recht trist und verkommen wirken kann, außer den berühmten Olmekenköpfen gibt es nur wenig wirklich Sehenswertes. Dann ist Villahermosa wegen dem wirklich hochinteressanten Museo Regional *CICOM*, ein Ziel für Kulturfans. Daneben war die Stadt bislang Ausgangspunkt für den Besuch der Maya-Ruinen von Palenque, diese können jetzt aber auch von San Cristobal aus viel bequemer besucht werden - und immer mehr Reisende ziehen tatsächlich auch diese Route vor.

▪ Sehenswert

Außer der beeindruckend herben Stadtatmo gibt es zwei klassische und herausragende Sehenswürdigkeiten:

Das *CICOM* = Centro de Investigaciones de las Culturas Olmecas y Mayas. Bekannt unter 'Museo Cicom', der prächtige Nachfolgebau des früheren 'Tabasco State Museum', praktisch alle Stücke befinden sich jetzt im neuen Museum. Mo. geschl. Neben dem Anthropologischen Museum in Mexiko City wohl die schönste Sammlung präkolumbianischer Kultur im Land. Im Endstadium des Ausbaues sind mehrere Bauten geplant. Theater, Geschäfte, Landungsbrücke. Sehr lohnend. Mit air-cond. und Cafeteria auch ein Platz zum Relaxen in der ansonsten sehr schwülen Stadt. Adresse: Prolongacio de Melchor Ocampo, am Rio Grijalva. 8.30-19.30 Uhr,

La Venta Park, ca. 3 km außerhalb in Richtung altem Flugplatz liegt das berühmte archäologische Freilichtmuseum 'Museo de la Venta'.

Ein tropischer Park in einer Sumpflandschaft, nach einer Renovierung Ende der 80er nun wieder in recht gepflegtem Zustand.

Die berühmten, bis 20 t schweren Olmekenköpfe wurden 1925 im nahen Dschungel von 'la venta' entdeckt. Sie zählen zu den hervorragendsten präkolumbianischen Kunstwerken im Land. Neuerdings sind noch zwei Krokodilgehege im Park zu bestaunen. Dazu noch ein paar Affen und anderes Wild. Unbedingt Mückenschutz mitnehmen! Nachmittags oft starker Regen, offen (im Sommer 8) sonst 9.00 - 17 Uhr, Mo. geschl.

■ Unterkunft

Es gibt kaum schöne Hotels, die großen Kettenhotels sind teuer, die kleineren Häuser oft schlampig, bzw. laut, bzw. - wegen des Klimas - stickig. Ich - und viele Leser - wissen keinen konstanten Tip, arge Kompromisse:

Hotel Oriente**, gegenüber dem alten Manzur, Madero 422. Vorsicht im Manzur, das jetzt 'Don Carlos'** heißt, oft werden Blancoabrechnungen zur Unterschrift vorgelegt.

Hotel Maria Dolores*, Aldama 404/Ecke Calle 27. Febrero. Einfach, gutes Restaurant.

Preiswert in der Fußgängerzone

La Paz*, Av. Madero 923, einfach, aber für Villahermosa gute Wahl. Nur 10 Minuten vom 1.Kl. Busbahnhof, oft Zimmer frei.

Ebenso das Hotel San Miguel*. Eine Warnung vor dem Hotel Tabsco: schlecht & teuer.

■ Essen: Man kann sich's denken, Villahermosa ist kein Platz für Feinschmecker. Gut sind manchmal die Hotelrestaurants. Ansonsten einige Cafes an der zentralen Madero, bzw. sonstwo in der Fußgängerzone. Nicht etwa, weil's dort besonders gemütlich ist, aber man kann schön beobachten, blickt ins Freie und freut sich über den Ventilator an der Decke. Außerdem seit Jahren annehmbares Essen im Wartehallenrestaurant vom 1 Kl. Busbahnhof.

■ Verbindungen

Wer von Villahermosa aus Palenque besuchen möchte, sollte eher eine Übernachtung in Palenque einplanen als lange in Villahermosa zu bleiben. So läßt sich in Villahermosa in 2 oder allerhöchstens 3 Tagen alles Notwendige abklappern und länger wird kaum jemand bleiben wollen.

Nach Palenque

* Alle Hotels mit Reisebüro bieten eine organisierte Eintagestour an. Zweifellos die bequemste und einfachste (aber nicht die reizvollste) Art, die Stätte zu besichtigen.

* Palenque auf eigene Faust: Möglichst Übernachtung in Palenque (Hotels siehe dort) einplanen, sonst wirds zu hektisch. Anfahrt 160 km mit 'ADO' Bus, 1.Kl., 3 h. Mehrere Busse morgens, einer Nachmittags (nicht alle Busse fahren bis Palenque-Ort, manche direkt zu den Ruinen, gekennzeichnet: 'Palenque Ruinas'. Möglichst früh anfahren und am besten ein Ticket bis 'Palenque Ort' lösen (vgl. Kapitel Palenque), dann kann man im Ort zuerst ein Zimmer suchen und das Gepäck loswerden. Karten für die Rückfahrt so früh wie möglich kaufen, am besten gleich lösen.

* Palenque auf eigene Faust an einem Tag. Dann bleiben aber nur ca. 4 h für die Besichtigung, was sehr wenig ist. Bei 'ADO' ein Tikket bis 'Palenque Ruinas' lösen, diese Busse fahren direkt zu den Ruinen und warten dort bis zur Rückfahrt.

Busse (ADO, 1.Kl.): *Mérida* ab Villahermosa 6 x täglich, 4 davon

Nachtbusse), außerdem viele Zusteigemöglichkeiten zu ADO-Bussen nach Merida, die in Villahermosa Zwischenaufenthalt haben.

Außerdem: *Mexiko-City, Oaxaca, Tuxtla-Gutiérrez (San Cristóbal), Tapachula*: Start morgens, Tuxtla an 15 Uhr, ab 18 Uhr - San Cristobal: 20 Uhr, am nächsten Morgen weiter Grenze Guatemala an 10.30 Uhr, Anschluß Guatemala-City.

* Die Straße 195 zwischen Villahermosa und Tuxtla-Gutiérrez/San Cristóbal ist gut ausgebaut. Die Strecke ist teilweise sehr kurvenreich, wegen der verschiedenen großartigen Landschaftsformen, die man durchfährt, aber sehr lohnend. Wer mit dem Wagen fährt, sollte einen Tag einplanen, Nebel und Regengüsse können die Fahrt sehr verzögern. Im Hochland Vorsicht bei vorgetäuschten Anhaltemanövern!

Die Mex-180 nach *Campeche* ist wegen einer notwendigen (nicht mehrere, wie oft zu lesen!) Fährpassage bei Wartezeiten langsam, schneller landeinwärts über die Mex-186.

Flugverbindungen

Mit (u.a.) *Acapulco, Cancún (Isla Mujeres), Mérida, Mexiko-City, Tapachula, Tuxtla, Gutiérrez.* Kleinflugzeuge nach Bonampak und Palenque (vgl. unter S. Cristóbal).

Der neue, großzügig angelegte Flugplatz liegt ca. 15 km außerhalb in Richtung Palenque. Gut ausgestattete Info-Stelle, Reservierungsschalter. Manchmal wenig Taxis vom und zum Flugplatz, auch Sammelbusverkehr. Wer von Palenque kommt und einen Anschlußflug erreichen möchte, kann gleich am Flugplatz aussteigen.

■ Adressen

Turismo, Lerdo 101, guter Service. Schalter auf dem Flugplatz.

Neuer 1.Kl. Busbahnhof ADO: Schnittpunkt Av. Merino/Av. Mino; Nr. 297. Gutes Selbstbedienungsrestaurant.

Der 2.Kl.Busbahnhof liegt ca. 2 km außerhalb in Richtung neuer Flugplatz, Palenque - ständig Verbindung in die Stadt.

Taxis sind knapp, am einfachsten noch vom Zocalo oder 1.Kl. Busbahnhof. Preise vorher aushandeln! Einheitspreis für Ziele in der Innenstadt ca. 6 Mark. Flugplatz ca. 15 Mark (Preis aushandeln).

Abstecher nach Veracruz

Auf dem Weg Yukatan - Mexiko-City kann man den kleinen Umweg über Veracruz machen. Z.B. von Villahermosa aus: 1.Kl. Bus 'ADO', 8 h. Veracruz eignet sich weniger zum Baden (der Golf von Mexiko ist durch Verunreinigungen von den Ölbohrinsel gefährdet), eher interessant als große Hafenstadt, mit nettem Zentrum, schön abends am Zocalo (Turismo: Am Zocalo im Palacio Municipal), viele Kolonialbauten. Am Wochenende, wenn die mexikanischen Badegäste einfallen, gibt es aber reichlich Trubel.

▪ H o t e l s : Royalty**, Abaso 34, Tel. 22895. Freie Lage außerhalb am Meer, innen allerdings etwas verkommen.

Preiswerter und mit mehr Atmo, fast nur von Mexikanern besucht: Castellan*, direkt am Strand (evtl. geschlossen).

Am Hafen: Ruiz Milan*; Paseo de Malecon, sauber.

Seinen Kaffee sollte man im alten Zentrum von Veracruz unbedingt im 'Gran Cafe de la Perroquia' (antiquo) in der Independencia einnehmen. Seit Jahren ein Treff, zentralst im Zentrum gegenüber der Kathedrale/ Zocalo, schönes Ambiente, gutes Essen.

▪ B u s zu Stränden: 'Mocambo/Boca del Rio', wer mit diesem Bus fährt, erreicht auch ein sehr gutes Restaurant: 'Las Brisas del Mar'. Ausgezeichnete 'mariscos', Weine etc., nicht teuer.

Bus Veracruz - Oaxaca: 1. Kl. ADO, 2 x tägl., 8 h.

Eine gute Ausweichmöglichkeit zum Übernachten auf/von dem Weg nach Mex.-City: In Córdoba (150 km westlich) ein sehr schönes Hotel, mit Garten, Pool: Hotel Real Villa Florida**, Tel. 26666/21178. Preiswerter: Hotel Palacio*-**, 3. Av./Ecke 2. Calle. Mit Garage, zwei min. zum Zocalo.

Palenque

Palenque-Ort war noch zu Beginn der 80er ein lausiges Urwaldnest. Das zunehmende touristische Interesse an den 8 km entfernten Ruinen und die erst seit kurzem befestigte Straßenverbindung mit San Cristobal haben das Dorf gründlich verändert: Die staubige Dorfstraße Benito Juarez wandelte sich zur Geschäftsstraße mit Bank, Restaurants und Hotels. Es gibt einen richtigen Zocalo mit Restaurants, Hotels, **i**-Büro, Taxiplätzen, und lauter Musik aus blechernen Lautsprechern, etc. An der Straße zu den Ruinen sind zwei Luxushotelanlagen und eine einfache Bungalowsiedlung entstanden, jeder möchte das große Geschäft mit den Touristen machen. Der Ort ist durch all das nicht attraktiver geworden, er ist uninteressant wie eh und jeh - nur die Bevölkerung ist noch unfreundlicher, eine Mischung die die meisten Touristen, die direkt im Ort wohnen, schon bald an die Weiterreise denken läßt. Ein wenig hat vielleicht auch das provokanten Verhalten vieler Rucksackler zur düstren Stimmung in Palenque beigetragen, die sich einen Dreck um lokale Sitten kümmernd, ihr Glück im joint oder 'magic mushroom'-Konsum suchen und im stumpfen Vollgedröhntsein das Lebensziel schlechthin sehen.

Trotzdem sollte man in Palenque mindestens eine Übernachtung einplanen. Die Ruinen - es ist nur eine Bruchteil der eigentlich kilometerweiten Anlage vom Regenwald befreit - liegen wunderbar in tropischer Regenwaldvegetation, und am Abend erwarten einen dann schwüle Nächte unter tropfenden, dicken grünen Blättern. Fröhliche, traurige Tropen ...

■ Die R u i n e n liegen ca. 8 km vom Ort entfernt. (Anfahrt vgl. unter Villahermosa, bzw. unten). Die Anlage - bzw. der kleine zentrale Teil, der freigelegt ist - wirkt überschaubar, so daß man auch ohne Führung gut zurechtkommt. Nachmittags während der Regenzeit praktisch immer heftige Schauer. Geöffnet von 8-18 Uhr, beim Eingang/Parkplatz ein kleines Restaurant und Kioske.

Schöne Bademöglichkeit im Wasserfall bei den Ruinen: Vom Museum aus in den Regenwald (Wärter fragen), der Weg führt am Wasserfall entlang bis zur Straße nach Palenque Ort hinunter, wo man evtl. wieder ein Collectivo anhalten kann.

■ U n t e r k u n f t

Die Hotelsituation in Palenque ist mäßig, bis auf Ausnahmen sind die meisten Häuser recht teuer und bieten wenig konstante Qualität. Der Zustand der Hotels wechselt häufig, also genau hinsehen. Die komfortableren Hotels liegen außerhalb des Ortes, an der Straße zu den Ruinen, darunter teilweise sehr großzügige Anlagen in herrlicher tropischer Vegetation, mit großen Pools, aber der Zustand ändert sich auch hier oft:

Außerhalb Palenque Ort

Ebenfalls nahe bei den Ruinen das Hotel Chan Kah** (bei km 31), Qualität wechselt, sehr schöne Lage im Urwald, Pool. Eignet sich wegen der Lage außerhalb des Ortes besonders für Mietwagenfahrer, es gibt keinen regelmäßigen Busverkehr, nur Sammeltaxis, relativ teuer!

Hotel las Ruinas**-***, an der Straße zu den Ruinen, ca. 1,5 km davor. War mal eine schöne Anlage in wunderbarer tropischer Umgebung, mit Pool, dann vergammelt, derzeit Verwaltung der Ausgrabungen.

Motel Nututun**, das kleine Hotel war zwar das letzte Mal etwas angegammelt und wieder nur 'halbfertig', aber es liegt einfach herrlich im Regenwald, vom (teuren) Restaurant wunderbare Sicht auf den Fluß. Bademöglichkeit. Die Bungalows liegen in Richtung Agua Azul, Abzweig 2 km nach Palenque von der Straße zu den Ruinen.

Mision Palenque**, bei Rancho San Martin de Porres, soll gut sein.

Hotel Santa Elena*, von Agua Azul aus kommend, 50 m vor dem 2 kl. Bahnhof der 'Lineas Unidad', auf der rechten Seite, ca. 30 m abseits der Hauptsraße. Saubere, große Zimmer mit geräumiger Dusche. Ruhig und doch noch zentral.

Hotels in Palenque Ort

Bungalow-Anlage La Cañada** am Ortseingang, bei der Kreuzung. Verstreute Hütten im Wald, ein Restaurant mit Dschungelflair und Bar. Ein einfaches, aber schöngelegenes Hotel, alles basic, aber o.k. und herrliches Ambiente, empfehlenswert.

Preiswert und einfach, aber sauber: Hotel Regional*, vgl. Plan. Etwas komfortabler, das neu renovierte Hotel Casa de Pakal**, Juarez 10, Klimaanl., an der Hauptstraße zum Zocalo, links davor. Ein Neubau im Kolonialstil, mit Restaurant.

Etwas weiter oben, an der Ecke Juarez/Independencia ist ein Trottertreff, das Restaurant Nicte Ha.

Falls die o.g. Hotels voll sind, ist auch das Misol-Ha*, Benito Juarez, Nähe Zocalo, einen Versuch wert (vorher ansehen).

Das Hotel Palenque*, oben am Zocalo, war früher einmal der Travellertreff - dann vermoderte es zunehmend. Kuriose Zimmer, eines z.B. mit der Dusche über dem Waschbecken. Nun hat es offensichtlich wieder eine bessere Phase: Pool und Palmengarten wurden renoviert, und vielleicht hält die positive Entwicklung auch an.

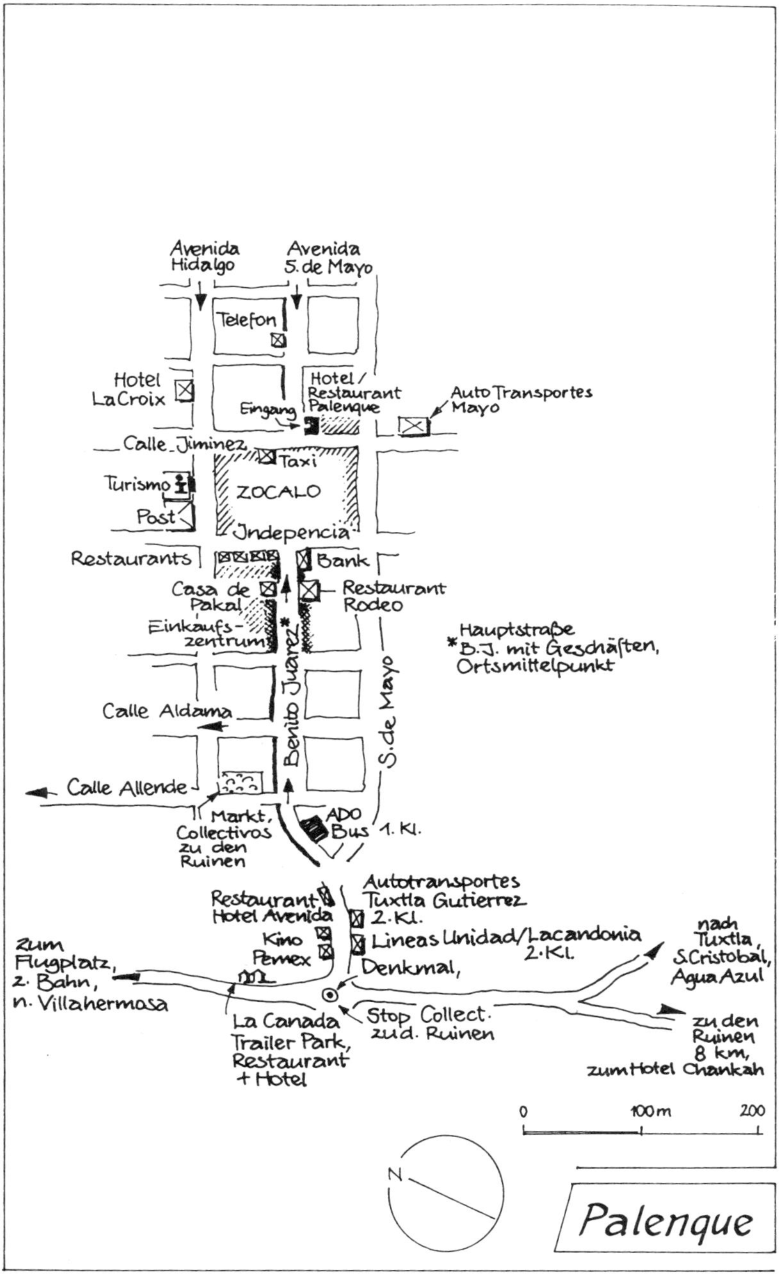
Avenida Hidalgo
Avenida 5. de Mayo
Telefon
Hotel LaCroix
Hotel / Restaurant Palenque
Eingang
Auto Transportes Mayo
Calle Jiminez
Taxi
Turismo
ZOCALO
Post
Indepencia
Restaurants
Bank
Casa de Pakal
Restaurant Rodeo
Einkaufs-zentrum
Benito Juarez
S. de Mayo
* Hauptstraße B.J. mit Geschäften, Ortsmittelpunkt
Calle Aldama
Calle Allende
Markt, Collectivos zu den Ruinen
ADO Bus 1. Kl.
Autotransportes Tuxtla Gutierrez 2. Kl.
Restaurant Hotel Avenida
Kino
Pemex
Lineas Unidad/Lacandonia 2. Kl.
Denkmal,
nach Tuxtla, S.Cristobal, Agua Azul
zum Flugplatz, z. Bahn, n. Villahermosa
La Canada Trailer Park, Restaurant + Hotel
Stop Collect. zu d. Ruinen
zu den Ruinen 8 km, zum Hotel Chankah
0
100 m
200
N
Palenque

Palenque Ruinen

Die eigentliche archäologische Zone liegt ca. 8 km von Palenque Ort entfernt. Geschlossen wird die Anlage um 18 Uhr (manchmal eher), es ist dann alles wie ausgestorben, keine Rückfahrmöglichkeit für Tramper.

* Collectivos (Sammeltaxis) zu den Ruinen fahren recht regelmäßig ab Ecke Hidalgo/Allende. Von hier auch Collectivos nach Agua Azul. 2 Kl. Busse: die Busse halten manchmal nochmal an der Pemex-Station, bzw. an den Hotels an der Zufahrt zu den Ruinen, dann sind die Sitzplätze aber oft weg. Außerdem Einzeltaxis zu den Ruinen.

* Vom Zugbahnhof und der Flugpiste (beide ca. 5 km außerhalb in entgegengesetzter Richtung, also Villahermosa zu) zu den Ruinen zu kommen, ist nicht ganz einfach: die Busse, die vorbeikommen, sind oft voll oder halten nicht. Beim einfachen Bahnhof kein Kartenverkauf. (Auch keine Reservierungsmöglichkeiten für Zugplätze nach Merida!!). Ausweg: Taxi.

Ausflug nach Agua Azul

Ein wunderbares Ausflugsziel, entspricht genau unseren Postkartenvorstellungen vom Urwald: Es gibt dichten Regenwald, Flüsse, Wasserfälle, teilweise in kilometerlangen Kaskaden. Baden im klaren, warmen Quellwasser . . . ein Traum. Am ruhigsten unter der Woche, am Wochenende mehr Kurzausflügler. Die weitläufige Anlage ist gut mit Wegen erschlossen (und wird bisweilen von Arbeitern gepflegt). Auch die Anfahrt über eine teilweise steile, nun aber durchgehend geteerte Piste ist kein Problem mehr. Seit 1988 sind auch die letzten 4 km von der Abzweigung der Hauptstraße bis nach Agua Azul befestigt.

Es kommt hier jedoch nach Regenfällen immer wieder zu starken Erdrutschen und Auswaschungen, so daß man sich besser vor Ort über die aktuellen Streckenverhältnisse informiert, dies gilt auch für die weiterführende Strecke nach Ococingo - San Cristóbal.

Vorsicht vor den extrem gefährlichen Strudeln in den Wasserbecken von Agua Azul! Keine Warnschilder.

■ Unterkunft: In Agua Azul kein Hotel, aber sehr einfache Übernachtungsmöglichkeit in Hängemattenlager (herrliche Lage mit Blick auf die Wasserfälle, aber: wer Exkursionen vorhat, sollte Wertsachen am besten im Hotel in Palenque deponieren). Außerdem Hütten (ohne Strom), mehrere kleine, schlichte Restaurants mit stark schwankendem Angebot. Agua Azul liegt 64 km von Palenque, ca. 4 km von der neuen (entgegen anderen Angaben in Reiseführern durchgehend befestigten) Straße Palenque - Ocosingo - San Cristóbal, man kann also auf dem Weg dorthin Station einlegen, vgl. unten bei Verbindung.

Anfahrt: Es gibt Rundfahrten mit Kleinbussen ab Palenque: Maya Transportes gegen 10 Uhr (checken) direkt nach Agua Azul und zu den Wasserfällen bei Misol Ha, zurück am Nachmittag gegen 16 Uhr. Es bleiben dann nur ca. 2 1/2 Stunden für die Wasserfälle - zuwenig für ein Paradies. Besser also selbst organisieren, Anfahrt dann am besten mit Collectivos ab Palenque Ort, vgl. oben.

Alternative: übernachten, Proviant mitnehmen! Oder Anfahrt mit dem 2.Kl. Linienbus, der täglich (7 Uhr, checken) nach Tuxtla Gutiérrez/San Cristóbal fährt, Bus ist mit *Tuxtla* markiert. Aussteigen an der Abzweigung, dann ca. 4 km Fußmarsch, mit Gepäck anstrengend. Wertsachen läßt man besser in Palenque. Zurück wie oben.

Weitere tropische Wasserfälle auf der Stecke Palenque - San Cristóbal: *Misol-Há*, ca. 30 km vor Palenque. Eintritt. Eine Kooperative versucht dort neuerdings mit Macht und vielen Eingriffen in die Natur, den Tourismus anzukurbeln, schöne Gegend zum Baden. Die Bungalows waren beim letzten Besuch fast fertig und müßten spätestens ab Anf. '90 beziehbar sein.

■ Verbindungen ab Palenque

Bus: Täglich *Tuxtla Gutiérrez - San Cristóbal.* Abfahrt morgens 7 Uhr (nachchecken). Fahrzeit ca. 6 Stunden, je nach Wetter (Nebel, Regen) die Straße ist nun durchgehend geteert, also problemlos zu befahren (aber es kann Unterspülungen nach Regenzeiten geben, vgl. Pfeil oben). Bus oft überfüllt. Vgl. Cristóbal! Direkt fährt nur 'Autotransportes Tuxtla', eine andere Gesellschaft fährt nur bis Ocosingo, man muß dort in den oft vollen anderen Bus.

Meist verläßliche Auskunft über Verbindungen erhält man auch im Reisebüro: Viajes Shivalva, Calle Merle Green 1, Tel: 50395, 50411. Organisiert auch Touren zu prakt. allen Sehenswürdigkeiten in der Umgebung.

Villahermosa: 5 x tägl. 1.Kl. ADO, 3 Stunden, rechtzeitig reservieren. Neue ADO Station am Ortseingang, vgl. Plan.

Mérida: Direkt nur 1. mal tägl., nur 2.Kl., gegen 17 Uhr, mit 'DAC DUC'/Plan: Lineas Unidad-Lacandonia, Ankunft in Mérida nach Mitternacht gegen 1 oder 2 Uhr (man kann dort oft nicht im Terminal übernachten), vgl. Mérida Verbindungen. Bus ist oft ausgebucht, so früh wie möglich buchen.

Alternative: Mit dem Nachmittagsbus nach Villahermosa, ab 17 Uhr. Von dort gegen 21.30, 1.Kl., 8 h, nach Mérida. Aber: Anschlußbus kann voll sein.

Weitere Alternative: Von Palenque ab 7 Uhr, 1. Kl. ADO, bis Sabanucy, ca. 4 h, ein kleines Nest an der Küste, aber: ab mittag ca. alle ein bis zwei Stunden Anschluß nach Mérida, dort an am frühen Abend. Weitere Alternative Zug, oder s.u.

Campeche-Mérida, nach Campeche derzeit nur 1 x tägl., 1. Kl. ADO, ca. 7.15 Uhr früh. Frühzeitig reservieren! Ab Campeche zahlreiche Busse nach Mérida.

Die Busverbindungen ab Palenque haben sich in letzter Zeit häufig geändert und für einige Verwirrung gesorgt. Also: nachfragen. Die Bahnhöfe der drei wichtigsten Gesellschaften: 1.Kl.: ADO: noch vor dem eigentlichen Zentrum an der Av. Juarez/Ecke 5. de Mayo. ". 2.Kl. nach Tuxtla: nochmals wenig weiter ortsauswärts an der Av. Juarez. 2. Kl. nach Palenque: Zentrum, an der Südseite Zocalo.

Flugplatz, nur einfache Piste, kaum Einrichtungen. Wird u.a. angeflogen von Aerochiapas aus Richtung S. Cristóbal, ebenfalls aus Richtung Villhermosa.

Kleinflugzeuge (übl. sind 5-sitzige Cessnas) für Flüge zu den Mayazonen *Bonampak* und *Yaxchilán* (vgl. dort) können gechartert werden. Preis weitgehend Verhandlungssache. Anhaltspunkt sind ca. US $ 200/Person (wenn man 5 Personenn je Maschine zusammenbringt). Verbindung Flugplatz - Palenque Ort mit Sammeltaxi, 2.Kl. Bus aus Villahermosa hält nicht immer.

Arrangieren der Touren am einfachsten (aber nicht am billigsten) über ein Reisebüro oder ein größeres Hotel in Palenque, praktisch alle großen Hotels vermitteln die Touren in den Lacanja-Urwald. Details zum Ablauf vgl. unter den einzelnen Orten, im Anschluß an San Cristóbal.

Zugbahnhof ca. 5 km außerhalb, Richtung Villahermosa, eine sehr einfache Station, die eher den Eindruck eines gut restaurierten Museums als den eines funktionierenden Bahnhofs hinterläßt. Kein Kartenverkauf. **Alle Verbindungen derzeit (Anf. '90) eingestellt.**

Nach *Mérida*: täglich, Zug kommt gegen 22 Uhr (oft große Verspätung), Fahrzeit ab 10 Stunden aufwärts. 1.Kl. 'Especial', ist die beste Variante, unbedingt im voraus reservieren (aber nicht in Palenque möglich), 1.Kl. 'General', ist stickig, dreckig. Der 2.Kl. Zug ist nur etwas für harte Traveller. Fahrzeit oft über 18 Stunden, nachts unbeleuchtete Abteile, unbedingt Taschenlampe mitnehmen, Vorsicht vor Diebesbanden in allen Klassen! Die Zugfahrt ab Palenque ist beliebtes Trotter-Abenteuer geworden. Insbesondere in der 2.Kl.

muß man sich auf allerlei Unvorhersehbares einstellen. Die Züge haben oft lange Verspätung, da sie aus Mexiko-City kommen.

Nach Tenosique - La Palma - Guatemala und weiter über den Rio San Pedro in den Peten-Dschungel von Guatemala nach Flores am Lago Peten-Itza: Eine etwas beschwerliche, aber unter Trottern beliebte direkte Einreisevariante nach Flores/Guatemala. Außerdem ab Tenosique günstige Flüge nach Bonampak/Yaxchilán:

▪ A b l a u f : Bus Palenque - Emilio Zapata, ab ADO-Station, morgens ca. 7 Uhr, ca. 1 h, oft weniger. Von Emilio nach Tenosique direkter Anschluß mit 'Autotransportes Villahermosa', ca. 1 h, oft mehr. In Tenosique ins Zentrum laufen (ca. 1 km), dort wartet der Bus nach La Palma, ca. 20 km Schlaglochstrecke, ca. 1 h, Info-Platz dort: Bei der Familie Venezuela (auch einfache Zimmer, Geldwechsel, interessantes Gästebuch!). Abfahrt des Busses nach Gutdünken des Fahrers, jedoch meist so, daß das Boot um 15 Uhr noch erreicht wird. (Einfache Außenborder, herrliche Flußfahrt über kleine Stromschnellen, ca. 5 h). Nach Flußfahrt also abends in El Naranjo (Guatemala) an, übernachten dort nur sehr einfach, entweder am Fluß (einfachst, kein Strom) oder besser: Hotel Betsan*, mit einf. Restaurant, am Ortsende, ca. 1 km vom Immigracion-Office, Geldwechsel. Von El Naranjo am nächsten Mittag Bus ab Bootsanleger nach Flores, ca. 6 h, schlechte Strecke.

Zur Karibikküste bei Chetumal

Von Palenque auf der Mex-186 über *Francisco Escárcega* (vgl. dort) und die *Laguna de Bacalar* (gute Unterkunft!, vgl. dort) an die Karibikküste bei *Acumal/Cancún* bzw. *Chetumal*: Eine bislang wenig bekannte Streckenvariante abseits des ausgelatschten Gringo-Trails, am besten für Leute mit Mietwagen. Nach langer Fahrt durch die menschenleeren Regionen in Bundesstaat Campeche herrliche, einsame Bademöglichkeit in der Süßwasserlagune von Bacalar (ca. 20 km westl. Chetumal).

Tuxtla Gutiérrez

San Cristóbal de las Casas

Ein sehr lohnender Abschnitt auf dem Gringo-Trail führt durch das Hochland von Chiapas: Reizvolle Berglandschaft, üppige, interessante Vegetation. San Cristóbal ist zudem eine interessante Station für Leute, die auf dem Landweg (mit Bus) nach Guatemala weiterreisen möchten, (Grenze Ciudad Cuauhtémoc/La Mesilla), außerdem ein guter Ausgangspunkt für den Besuch der Ruinen von Palenque. Viele Leute bleiben auch ein paar Tage einfach zum Relaxen im Ort und kehren dann um oder fahren über Palenque weiter. Wer die lange Tour Oaxaca - Tuxtla - San Cristóbal abkürzen möchte, fliegt am besten bis Tuxtla.

Tuxtla Gutiérrez, 200 000 E., 530 m. Lange Zeit war Tuxtla Mexikos Kaffeezentrum. Heute Hauptstadt des Bundesstaates Chiapas, durch Ölfunde in der Region rasche Entwicklung, deshalb recht hektisch, starke Bautätigkeit, schwül-heißes Klima. Geschäftsstadtatmosphäre, moderner Zocalo mit Kathedrale. Die Lage in einem fruchtbaren, subtropischen Tal ist aber reizvoll. Sehr lohnend auch die Landschaft der Umgebung, z.B. der *Cañon del Sumidero*, eine 1000 m tiefe Schlucht, 22 km nördlich der Stadt (vgl. w.u.). Tuxtla selbst kommt für einen längeren Aufenthalt nicht in Frage.

▪ Sehenswert: Museum *Museo de Anthropologica*, bei Acuario. Sa. geschl. Außerdem das archäologische Museum in einem großzügigen Neubau.

Sehr interessant ist auch ein Besuch im Zoo, in dem Tiere aus Chiapas in einer - vergleichsweise - natürlichen Umgebung zu sehen sind. Zoo liegt außerhalb, Anfahrt am besten mit Taxi.

■ Unterkunft: Die Hotelsituation ist schlecht - teilweise teuer, teilweise ungemütlich. Ganz gute Wahl das Hotel Serrano*-**, Av. Central Poniente 224, Tel. 208 07. Unweit Zocalo.

Brauchbar mit Einschränkungen: Mar Inn*, 2 Av. Norte Ote. 347. Tel. 227 15. Recht luxuriös: Hotel Bonampak**, am westlichen Ende der Stadt, Boulevard B. Dominguez 180.

Praktisch beim 2 Kl. Busbahnhof: Hotel Regional San Marco*, 2 a. Oriente Sur 176, Tel: 31993. Einfach aber ausreichend, gut wenn man z.B. erst am nächsten Tag nach San Cristóbal weiter möchte.

Gut essen kann man im Restaurant des Hotels Posada del Rey, am Parque Central (Zocalo), oberster Stock.

Turismo, gegenüber Hotel Bonampak (vgl. oben), Dominguez 950-2, Tel. 20732 und Palacio de la Cultura, beim Hotel Bonampak.

■ Verbindungen

Flugzeug

Der neue Flugplatz liegt weit außerhalb, ca. 30 km westl., Kleinbusverkehr mit dem Zentrum (z.B. ab Hotel Humberto, Av. Central, hier auch das Mexicana-Büro): Verbindung mit Acapulco, Mérida, Mexiko-City, Tapachula, Villahermosa.

Mit Kleinflugzeugen der Gesellschaft *Aviacion de Chiapas*, Tel. 215 24. Av. Norte/4. Poniente. Täglich, morgens ca. 100 Mark nach Palenque (bei Bedarf auch Bonampak/Yaxchilán). Abflug vom alten Flugplatz, am Westrand der Stadt. Verbindung nach Palenque soll ausgebaut werden, im Turismo checken.

Busse

San Cristóbal es gibt eine Direktverbindung mit Sammeltaxis (Colectivos, fahren von diversen Stellen der Innenstadt). Relativ teuer, besser Bus. Herrliche ungemein lohnende Bergstrecke! Unbedingt tags fahren.

Ab Busbahnhof: Autotransportes Tuxtla Gutiérrez, 3a. Avenida Sur 750, 1. Kl. 4 x tägl., 2. Kl. 5 x tägl. ca. 2 h. An diesem Bahnhof halten auch die Busse von 'Oaxaca Isthmo', aus Oaxaca und Tehuantepec kommend. Mit 'Cristóbal Colon', 2. Av. Norte/Poniente 268, ca. 8 x tägl.

Außerdem täglich Oaxaca, tägl. Grenze Guatemala.

Villahermosa, 3 x morgens, 2.Kl., 9 h, 1 x täglich 1. Kl. mit Cristóbal Colon; ab Colon Busbahnhof, 2. Av. Norte, 2. Blocks westlich der Av. Central.

Die Straße 195 zwischen Tuxtla und Villahermosa ist gut ausgebaut und befestigt, die ausgesprochen kurvenreiche Bergstrecke zählt sicher zu den spektakulärsten Strecken, die man in Ostmexiko fahren kann, sollte niemand auf seiner Reise auslassen. Nachtfahrten sind gefährlich und bringen nichts.

Nach *Puerto Angel/Escondido* am besten über *Salina Cruz* (vgl. auch bei Verkehr P. Angel. Ab S. Cruz ca. 6 x tägl., 2,5 h, Bus nach Pochutla, von dort nach Angel/Escondido, wie dort beschrieben.

■ Ausflug zum Cañon del Sumidero

Sehr lohnend für Landschaftsfreunde ist der Ausflug zur 1000 m tiefen Schlucht *Cañon del Sumidero*, am Rio Grijalva, ca. 22 km nördl. des Zentrums. Sehr empfohlen die Bootsfahrt im Cañon (üblich ca. 1 h, oder länger je nach Vereinbarung, die längste Tour geht bis zur Staumauer).

■ Anfahrt: Kleinbus täglich (außer So.) von diversen Plätzen der Innenstadt, Frequenz ändert sich oft, falls kein Collectivo zu finden, Taxi chartern, Preis aber unbedingt aushandeln.

Preiswerte Alternative: Busanfahrt, mit Bus Richtung *Chiapa de*

Corzo (2. Kl., Zocalo), unterwegs nach der Anlegestelle der Boote (Cauharé, Embarcadero) fragen, so wird man an der richtigen Stelle rausgelassen, von der Abzw. zum Cañon ca. 500 m bis zur Anlegestelle der Boote.

Unbedingt zusammen, möglichst 6 Personen, ein Boot nehmen, Rundkurs ca. 1 h, bei vollem Boot ca. 12 DM pro Person. Wer Glück hat, sieht im Cañon sogar, wie die fetten Krokodile die Augen rollen (im Ernst).

San Cristóbal de las Casas

90 000 E., 2 113 m. San Cristóbal de las Casas ist eine Gründung aus der Kolonialzeit, die älteste im Bundesstaat Chiapas (1538). Aus dieser Zeit ist noch ein schönes, kompaktes Zentrum mit vielen stimmungsvollen Bauten und Kirchen erhalten. Noch heute ist die Stadt, die in einem vegetationsreichen Hochtal liegt, ein Zentrum der indianischen Kultur und des Handels.

In den letzten Jahren wurde der Uralt-Geheimtip San Cristóbal zunehmend zu einem Touristenmekka. Wie so oft: zuerst Alternative mit Sack und Pack, dann Reisegruppen mit Sonnenhut und Video. Heute fehlt San Cristóbal in keinem Rundreiseprogramm durch Mexikos Osten und die Rucksacktraveller kommen immer noch zahlreicher. Trotz des zunehmenden Tourismus hat die Stadt noch ihre eigene Atmosphäre, man ist bald vertraut mit der Umgebung, das Klima ist auch im Hochsommer angenehm - im Winter allerdings (speziell nachts) recht kühl.

San Cristóbal bietet viel: Indianische Bevölkerung, Kultur, Kolonialarchitektur, alles in sehenswerter Einheit. Zudem eignet sich S.C. als Stützpunkt für den Besuch von Palenque und Agua Azul (siehe dort). Anfang 1982 brachte ein großer Vulkanausbruch Angst und viel Asche in die Region, man bemerkt heute nichts mehr davon, damals waren die Straßen mit Asche bedeckt, der Himmel tagelang dunkel.

Markt
Honduras
Sammeltaxi
Kloster Santo Domingo
Na Bolom-Museum
16 de Sept.
Lazaro Carden.
Comitan
Utrilla
Av. B. Dominguez
28.de Agosto
Av. Vicente Guerrero
Av. 20 d. Nov.
Av. Gen.
Av.
nach Chamula, Zinacantan
5 de Febrero
Kathedrale
Flores
Nicolas Ruiz
Guadalupe
Victoria
Real de Guadalupe
nach Tenejapa
Parque de Los Arcos
Zocalo
Mazariegos
Madero
Cuauhtemoc
Post + Telefon
Niños Heroes
Casa de la Cultura
Rosas
Av. Mi. Hidalgo
Av. Insurgentes
Av. B. Juárez
Ramon Corona
Busbahnhöfe 2. Kl.
nach Tuxtla
Panamericana
Bus 1. Kl.
zum Flughafen
nach Comitán
Hotels:
1. Fray Bartholome
2. Ciudad Real
3. Español
4. Santa Clara
5. San Martin
6. Casa Margerita
7. Cafe Hazal
8. Cafe El Bázar
9. Restaurant Los Arcos
N
0
100 m
200
San Cristobal de las Casas

▪ Unterkunft

Auch hier, wie an vielen touristischen Brennpunkten, über Weihnachten Neujahr und Ostern Zimmerknappheit.

Am oder nähe Zocalo

Neu eröffnet in zentraler Lage: Manison del Valle**, Calle Diego de Mazariegas Nr. 39, schöner Patio und Balkonzimmer zum Beobachten der Plaza.

Hotel Ciudad Real**, am Zocalo; komfortabler, modernisierter Altbau, mit schönem Patio, über lange Jahre gut und solide geführt, incl. Restaurant. 1989 dann aber oft Klagen über schlechtes Restaurant und hohe Preise, einzelne laute Zimmer, vorher also checken.

Preiswerte Ausweichmöglichkeit direkt am Zocalo: Hotel Santa Clara*-**, schöner Patio, Pool, gepflegte Zimmer, leistungsfähige Bar.

Hotel España**, Calle 1. de Marzo/zw. 20. Nov. und 16 Nov. Traditionelles Haus (seit 1906), 3 Blocks nördl. vom Zocalo, mit schönem Patio, Springbrunnen, Azulejowände, gehobene Preise, und nicht ganz ruhig.

Rincon del Arco**, Calle Ejecitio National, Tel: 81313, ca. 300 m östl. vom Zocalo. Zimmer mit offenem Kamin - wichtig im Winter. Schöne Anlage, freundliches Personal. Möglichst reservieren.

Hotel Fray Bartolome de las Casas*, Ecke Ninos Heroes/Insurgentes, bei der Pemex-Station. Tel. 809 32. Ein schönes Kolonialgebäude mit Patio, einige Zimmer zur Straße etwas laut, manchmal von Reisegruppen fast vollständig belegt und dann ohne Atmosphäre, im Winter kalt.

Hotel D'Monica**, Av. Insurgentes 33. Stilvoller Bau, schöne Atmosphäre. Nahebei: Der Bioladen Madre Tierra, mit Bäckerei und Cafe, gutes Frühstück.

Gut für Autofahrer: an der Ortseinfahrt Parador Ciudad Real, Diagonal Centenario Nr. 32, Tel. 818 86.

Preiswerte Hotels

Gut und sehr preiswert auch das Hotel San Martin*, Calle Real de Guadelupe 16, Zimmer mit heißer Dusche (wichtig im kalten Winter), ruhige Lage in einem Innenhof.

Ebenso: Hotel Real de la Valle*, ebenfalls in der Real de la Guadelupe, schöne Zimmer, guter Gegenwert.

Preiswerte Pensionen

Casa de Huespedes Margarita*, Real de Guadelupe 34, eineinhalb Blocks vom Zocalo, seit Jahren der Travellertreff, entsprechend touristisch. Großes Frühstück mit Vollkornbrot. Zimmer meist sauber, heiße Duschen, breite Betten mit guten Matratzen und Decken.

Nur wenig teurer aber sehr angenehm und solide, in der gleichen Straße, kurz vor o.g. Pension: Das Hotel San Martin* (freundliche Wirtsleute, schöne Zimmer mit Dusche) und Posada Tepeyac*, Nr. 40, ebenfalls schöne Zimmer, ein paar Häuser hinter Margerita.

Ein Trottertreff: Pension Los Baños, Calle 1. de Marzo. Bäder, Sauna. Ebenfalls in der 1. de Marzo: Hotel Familiar, preiswert und gut.

■ Die bekannte und oft beschriebene *Casa Na Bolom*, die von der betagten Witwe des dänischen Archäologen Frans Blom, Gertrude Duby, geführt wird, kann nur mit großen Vorbehalten zum Wohnen empfohlen werden. Um das Haus, dem ein interessantes Museum und eine sehr interessante Bibliothek angeschlossen ist, wird seit Jahren große Publicity gemacht. Tatsache ist, daß dort recht esoterisch gestimmte Leute in wirklich netter Umgebung zu horrenden Preisen wohnen, spartanisch essen, und es toll finden, daß sie für viel Geld von allem etwas weniger bekommen. Atmosphäre aber exklusiv. Tel. 814 18, Av. Vicente Guerrero Nr. 38.

Das dazugehörende Museum ist sehr lohnend, unbedingt **vor** dem Besuch der Indio-Dörfer ansehen. Führung: 16.30 Uhr, Mo. und Di. geschl., Bibliothek: Di. bis Fr. vormittags.

▪ Essen

Es gibt mittlerweile viele Restaurants und Treffs - oft auch von hängengebliebenen Travellern geführt, Qualität wechselt oft, Scenetreff z.B. bei:

La Galeria, Miguel Hidalgo 3, 1/2 Bock südlich vom Zocalo im 1. Stock. Europäisch, alternativ angehaucht, geführt von Deutschen, alles von Joghurt über Körner bis Kunsthandwerk dazu viele Infos und Travellertratsch, wer's mag, findet's nett.

Gut essen und rumtrödeln kann man im Plaza am Zocalo, in der ersten Etage Treff der lokalen Geschäftswelt, gutes Essen. Gut ißt man auch in der Casa Blanca.

Cafes

Ein beliebter Treff ist das Cafe Basar, seit Jahren gutes Essen, abends Musik, - köstliche Kaffeesorten, auch Cappuchinoooh! Adresse: Flavio A. Paniagua (eine Seitenstraße der Av. General Utrilla). Ebenfalls sehr gemütlich und ideal zum Relaxen mit Patio: El Colonial, Av. Utrilla 1. Gemütlich auch das Cafe Hazal (Plan).

▪ Sehenswertes

Unbedingt sehenswert der *Markt* (tägl. frühmorgens!, oft auch bis mittag), reichhaltiges Angebot an Web- und Lederprodukten, viele Indios aus der Umgebung. Anmarsch am besten durch die belebte Straße Av. General Utrilla, an deren nördlichen Ende der Markt liegt.

Auf dem Weg zum Markt: Die Kirche *Santo Domingo*, eines der besseren Beispiele für die mexikanische Ausprägung der Barockkunst. Im ehemaligen Convent Santo Domingo ist jetzt eine *tienda* der 'cooperative de tejedoras'. Dort gibt's Handarbeiten in guter Qualität (Gürtel, Webereien etc.).

Gegenüber von Santo Domingo die Kooperative 'Sua Jolobil', von Tzodzilfrauen unterhalten, sie bieten nach alten Vorbildern gefertigte Blusen u.ä. an.

Im Museum *Zul Pepen*, Guadelupe Victoria 47, wechselnde Ausstellungen über Naturkunde und Kunst der Region.

Eine Wohltat nach langer Reise: Die türkischen Bäder in der Calle 1. de Marzo, zwischen Av. 12. de Octobre und 14. de Sept.

▪ Interessant die Konzerte in der *Casa de la Cultura* (mit spanischer Einführung der Interpreten). Meist Folklore der Umgebung. Auf Plakatierung achten.

Ausflüge in die Umgebung

Ebenso beliebt wie umstritten sind Ausflüge in die Indiodörfer der Umgebung. Wer's nicht lassen möchte, sollte dabei beachten, daß wir uns auch nicht gerne von Negern beim Autowaschen fotografieren lassen. Deshalb Takt und Zurückhaltung, besonders beim Fotografieren! Anfahrt meist mit Lokalbus oder Sammeltaxi ab Markt möglich.

San Juan Chamula, 8 km nordöstlich, das Dorf wird praktisch nur von Indios bewohnt. Sonntags Markt (in der Karnevalszeit aber freitags). Wenn Touristen allzu massiv auftreten, werden zurückhaltende bis feindliche Reaktionen der - größtenteils armen - Bewohner beobachtet, die ja auch ein Recht auf Ruhe und Abgeschiedenheit haben. Unbedingt zuerst dort beim lokalen Touristenbüro melden, gilt speziell für den Besuch der Kirche, vgl. unten. Sehr interessant, zugleich aber auch ein Ausdruck der Armut, der *Markt*, besonders wenn sich die Oberhäupter der Umgebung ver-

sammeln. Das Dorf ist Zentrum der Chamula-Indianer. Die *Kirche* im Ort ist sehr interessant (Eintritt, Anmeldung des Besuchs beim lokalen Touristenbüro jetzt obligatorisch, man muß unterschreiben daß man nicht fotografiert und niemanden bei der Andacht stört! Regelung ändert sich aber oft).

■ Anfahrt: Lokalbus oder LKW ab Markt, oft voll. Am ehesten haben sich die Bewohner auf die Sontagsbesucher eingestellt, man kommt sich an diesem Tag nicht so gaffig vor. Alternative zur Sammeltaxianfahrt: Marsch auf der alten Carretera, von der man einen wunderbaren Blick auf den gesamten Talkessel hat. Die alte Straße ist im Plan eingezeichnet, der im Turismo für eine Schutzgebühr verkauft wird.

T e n a j a p a , Busse ab Markt, 1 1/2 Stunden Anfahrt, sehr lohnend, neuerdings aber auch ziemlich überlaufen. Die Indianer im Ort tragen schöne Trachten, die Männer schwarze Umhänge, die Frauen bestickte Blusen in faszinierenden dunkelblauen Tönen, die im klaren Licht des Hochlandes ungemein schön scheinen. Feste: 23. Januar, 24. Juli.

T o n i n a : Ist eine interessante, noch wenig bekannte archäologische Zone auf dem Weg nach Palenque bei Ocosingo: Ab Ocosinco bislang (1988/89) nur sehr schlechter Weg, von Ocosingo Anfahrt am besten per Taxi. Seit 1987 gräbt ein mexikanischer Archäologe auf der Stätte, zuvor waren Franzosen tätig, deshalb bislang hauptsächlich französische Besucher.

■ V e r b i n d u n g e n

Palenque: Direkt über Ocosingo, seit 1988 mit Teerbelag befestigt, früher (noch Mitte der 80er) eine Abenteuerstrecke, jetzt mit Mietwagen problemlos und sehr lohnend zu fahren, in der Regenzeit aber häufig Unwetter, die zu neuen Streckenunterspülungen führen können.

Strecke: Ins. 210 km, Verlauf: Zunächst 11 km auf der Panamericana (Route 190), dann Abzweigung nach *Ocosingo*. Die Straße ist gut ausgebaut. Von Ocosingo sind es nochmal 90 km bis Palenque, während der Regenzeit manchmal ramponiert. Sicher zählt die Bergstrecke aber zu den landschaftlich schönsten Touren in Ostmexiko.

B u s : Nach *Palenque*: 4 mal 2.Kl., ca. 7 h, 'Autotransportes Tuxtla', erster Bus ab 6 Uhr (mit Platzreservierung, die späteren Busse 7.30, 8.30, 16 Uhr ohne Reservierung, oft sehr voll; evtl ein weiterer Bus 12.30, mit Reserv., checken), erster Bus an Palenque 12 Uhr. Die weiteren Busse am frühen Vormittag (einer direkt ab San Cristóbal, andere nur mit Zusteigemöglichkeit in S.C., letzter Bus gegen 16 Uhr. Zeiten nachchecken, die Fahrpläne wurden häufig geändert. Vorsicht vor Diebstahlsversuchen im übervollen Bus.

Diverse Busse auch über über *Villahermosa* (ca. 10 h) nach Palenque, schöne Strecke ab Tuxtla, voll ausgebaut. **N i e** nachts fahren, aus der Region wurden schon mehrfach Überfälle auf Touristen berichtet. Busverbindung auf dieser Strecke: Täglich 1.Kl. mit 'Autobuses Tuxtla Gutiérrez', außerdem morgens ein 2.Kl. Bus, ebenfalls über Villahermosa.

■ Adressen

Turismo, an der Westseite des Zocalo, Erdgeschoß, gutes Material, Pläne, u.a. auch einer mit allen lohnenden Ausflügen in der Umgebung (für ca. 500 $).

Post, Ecke Av. Crescencio Rosas/Niños Heroes.

Aerochiapas, nur am Flugplatz (der liegt weit außerhalb, südl. der Panamericana), dort auch Reservation.

Telefon, Ferngespräche von der Apotheke La Popular, Südseite Zocalo.

Läden mit Kunstgewerbe etc. zahlreich in der Av. G. Utrilla, die zum Markt und der Kirche Santo Domingo führt.

Guatemala: Grenze Ciudad Cuauthémoc über Comitán (tägl. 2 Kl. Busse): Empfehlenswerte Station: *Comitán*, eine nette Klein-Kolonialstadt, Hotels. Von dort sehr lohnend der Ausflug zum Nationalpark mit den Seen von Montebello (vgl. unten)

Umgebung von San Cristóbal

Lagunas de Montebello

Lohnend als Ausflug ab Comitán (ca. 150 km südöstl. San Cristábal, bzw. 60 km östlich Comitán, nahe der guatemaltekischen Grenze) z.B. für Reisende, die auf der Mex-190 nach Guatemala unterwegs sind. Die Lagunen und Seen von Montebello bilden ein weitverzweigtes Seensystem in herrlicher Waldlandschaft, teilweise Nationalpark (aber kein Wegnetz, nicht für Wanderungen). Besonders gut mit dem Mietwagen zu arrangieren, wegen der fehlenden Wandermöglichkeiten nicht für längeren stationären Aufenthalt. Es gibt nur eine Straße die zu den verschiedenen Seen führt:

Von den über 60 meist verschiedenfarbig leuchtenden Seen sind fünf auf befestigter Straße zu erreichen. Weitere auf Schotterpisten. Alle liegen in wunderschöner Lage - ausgedehnte Wälder, prächtige Epiphyten auf den Bäume. Sehr sehenswert auch die Grutas, Tropfsteinhöhlen mit Lichteinfällen von oben, Durchblicke auf ein unterirdisches Seensystem.

▪ Einfache Unterkunft am Lago Montebello (auf Piste zu erreichen), an der Laguna Azul (mit Campingplatz) und am Tzisaco-See, oder bei Dona Maria, in der Pension Orchidea*, 5 km vor dem Parkeingang, einfachste Holzhütte, aber liebvolle Betreuung, Maria kocht selbst. Zeltmöglichkeit auch direkt am See in Tzicao. Dort auch Holzhütten zu mieten mit Decken und elektr. Licht; beim Komplex eine einfache Herberge mit sanit. Einrichtungen, einfaches Restaurant. Für Naturliebhaber sind die Seen fast ein Muß!

▪ Anfahrt: 100 km von San Cristóbal, 56 km von Comitán. 2.Kl. Busse ab S.C. (im Turismo fragen; von Comitán Sammeltaxi ab Busbahnhof ca. stündl., letzte sichere Rückfahrt vom Parkplatz bei den Seen aber gegen 16 Uhr, sonst Taxi). Weiterfahrt von Montebello nach Guatemala über Grenze Cd. Cuauthémoc möglich, man muß aber zunächst zurück zur Mex-190.

▪ Gute Unterkunft in Comitán: Hotel Internacional**. Der guatemaltekische Konsul in Comitán hält eine sehr gute Straßenkarte für Guatemala bereit (Ca. 1 US $): 2. Av. Norte Poniente, Mo.-Fr. 8-12 Uhr.

Bonampak Yaxchilán

Die beiden archäologischen Maya-Zonen liegen schwer zugänglich im Regenwald von Chiapas, nahe der guatemaltekischen Grenze, ca. 250 km (Luftlinie) östlich San Cristóbal, bzw. ca. 160 km südöstl. Palenque. Anfahrt nur mit Führer und Allrad-Jeep (ab Palenque auf schlechter Piste, Ablauf vgl. unten), bzw. nach Bonampak mit Kleinflugzeug ratsam. Maschinen kann man u.a. in San Cristóbal chartern für Bonampak bzw. auch nach Palenque. Charter zu den Maya-Zonen auch ab Palenque.

B o n a m p a k : Die Piste nach Bonampak ist schlecht, nur mit Geländewagen zu schaffen, in der Regenzeit generell ein Wagnis. Sie beginnt in Palenque führt ca. 160 km über Lacanja und Frontera Echeverria. Vom Ende der Piste bis zu den Ruinen sind es noch ca. 8 km Fußmarsch, oft durch tiefen Schlamm. Die Stätte - sie liegt auf einer Anhöhe umgeben von Regenwald - wurde erst 1946 entdeckt und zu Beginn der 80er Jahre restauriert, die Arbeiten wurden aber nicht sehr sachgerecht ausgeführt. Viele der berühmten und in der Reiseliteratur gepriesenen Malereien und Fresken sind kaum noch zu sehen, der beschwerliche und teure Besuch lohnt im Vergleich mit den viel reizvolleren Ruinen von Yaxchilán kaum, zumal eine zügige Anreise nach Bonampak ja nur per Flugzeug möglich ist. Die Preise für Aircharter schwanken je nach Auslastung, Verhandlungsgeschick etc. Flüge kann man arrangieren in:

* San Cristóbal, bei Aerochiapas: Info nur direkt auf dem Flugplatz (bzw. in großen Hotels mit Reisebüros). Flüge oft in Verbindung mit Yaxchilán, bzw. in die Regenwaldregion Lacanja, Preise ca. (!) 100 US $ pro Person, Minimum 4 Personen.

Von S.C. nach *Palenque* fester Flugplan: Täglich morgens (bei Nebel später). Die Flüge sind recht abenteuerlich, herrliche Sicht, aber leider auch 'many crashes', wie man erschreckend kurz im South American Handbook lesen kann.

* Tenosique, eine abgelegene Urwaldsiedlung, liegt aber an der Bahnlinie, erreichbar z.B. ab Palenque mit 2.Kl. Zug (vgl. die Infos dort unter Zug, bzw. unter 'Grenze Guatemala'). Nachtzug ohne Licht im Abteil, Dächer undicht. Von Tenosique aus die billigsten Flüge. Übernachten im Hotel Don Jose*, zentral, basic. Flug nach Yaxchilán kann vor Ort arrangiert werden, bzw. in Reisebüros, z.B. in Palenque (vgl. unten). Eine Maschine kostet ca. 500 Mark, bei Schlechtwetter DM 50/Stunde Aufschlag.

Y a x c h i l á n : Die archäologischen Zone liegt am mexikanischen Ufer des Riu Usumacinta in einer dichten Regenwaldzone nochmals ca. 40 km östl. Bonampak, weitab jeder Siedlung. Es gibt dort keine Übernachtungsmöglichkeit, nur Hängematten im Freien. Die Ruinen von Yaxchilán zählen zur schönsten Maya-Architektur. Ungewöhnlich die subtile Ausarbeitung der Reliefs an Stelen und Altaren. Die Wandmalereien sind noch erhalten, sie sind wesentlich schöner als die unsachgemäß restaurierten in Bonampak. Viele der Ruinen sind noch nicht freigelegt oder schon wieder überwuchert.

▪ Die meisten Besucher fliegen nach nach Yaxchilán (ca. 100-200 US $/Person, je nach Auslastung). Der Landweg ist mühsamer, aber sehr reizvoll (vgl. unten). Für Einzelreisende nach Yaxchilan ist angeblich eine Sondergenehmigung erforderlich; die Trasse führt durch das Lacandones-Gebiet. Den letzten Regenwald Ureinwohnern geht es sehr schlecht, es wird von Unruhen berichtet. Zudem sind am Riu Usumacinto Dämme und Kraftwerke geplant, die auch diese letzten Rückzugsgebiete der Indianer vernichten würden, auch die Ruinen von Yaxchilán würden dann überflutet.

▪ *Organisierte Touren*: Die Preise der organisierten Touren nach Yaxchilán/Bonampak müssen mit den Reisebüros ausgehandelt werden. Gutes Handeln je nach Buchungslage notwendig: Ablauf: Die Touren sind nicht voll durchgeplant. Je nach Veranstalter und Route wird reichlich improvisiert.

Anreise entweder mit Privatflugzeug oder mit VW-Bussen auf einer Schotterpiste durch den Regenwald bis Frontera E. Evtl. notwendige Übernachtung in Hängematten, oder in der Grenzstation am Rio Usumacinta, dann sehr eindrucksvolle Fahrt mit dem Motor-Einbaum auf dem Rio in ca. einer Stunde zu den Ruinen von Yaxchilán, die direkt am Fluß liegen.

Wo Gewalt Tradition hat

Ob man sich über die feine Architektur noch freuen kann, angesichts des nahen Flüchtlingsleids, ist eine andere Frage: In den Grenzregionen zwischen den Ländern spielten sich in den 80er Jahren - zu Zeiten der guatemaltekischen Militärdiktatur - Tragödien ab: Gatemaltekisches Militär mordete und vertreibt systematisch die Indios in den Grenzregionen. Über den unwegsamen Regenwäldern am Rio Usumacinta und Rio Lacantun wurde mit Hubschraubern Menschenjagd veranstaltet. Wer nach Mexiko fliehen konnte, den erwartete das Elend und Ausbeutung in Flüchtlingslagern, so im Lager 'Puerto Rico' (!!) am Rio Lacantún.

Im Bundesstaat Chiapas, in der äußersten Südostecke Mexikos wird deutlich, daß auch die mexikanischen Verhältnisse nicht so stabil und demokratisch sind, wie es oft den Anschein hat. Zwar gibt es kaum internationale Presseberichte über Aufstände und Regierungsübergriffe, weiter im Osten Mittelamerikas gibt es eben fast immer noch Schlimmeres zu berichten (vgl. die jüngsten Ereignisse in Panama und El Salvador). Aber auch in Chiapas ist die Ruhe oberflächlich und trügerisch. So berichtet amnesty international: "In den Südstaaten Mexikos ist in den vergangenen Jahren ein Anwachsen oppositioneller Bauernorganisationen festzustellen, die unabhängig von der offiziellen Bauernvereinigung CNC arbeiten. Die meisten (gewaltsamen) Todesopfer unter Bauern und Indianern in Chiapas und Oaxaca waren Mitglieder solcher Organisationen." 1986 und auch gegen Ende der 80er Jahre starben praktisch jeden Monat Aufständische und Landarbeiter bei Zusammenstößen mit Polizei oder Militär. Ganze Gemeinden, die nicht mehr mit den offiziellen Verbänden zusammenarbeiten wollten, wurden 1986 von ihrem Land vertrieben. So in Bochill, wo 100 Häuser niedergebrannt und die Aufständischen verjagt wurden. Die Übergriffe von Ordnungstruppen und oft auch von schlichten Verbrechen werden von den offiziellen Stellen häufig gedeckt. Journalisten, die wie Jorge Enrique Aguilar über die Bauernaufstände und andere nonkonforme

Aktionen wie die spektakuläre Besetzung der Panamericana im Mai 1986 kritisch berichtet haben, wurden gefoltert und in Tuxtla inhaftiert. Die Gewalt hat Tradition in Chiapas, ai hat ermittelt, daß wie in den feudalen Zeiten auch heute noch vom Großgrundbesitzern gekaufte 'pistoleros' Abtrünnige und Unruhestifter verfolgen und ganze Dörfer einschüchtern. In nur einem einzigen Fall gingen die offiziellen Behörden 1986 gegen solche Pressionen vor...

Im Hochland von Chiapas nach Süden:

San Cristóbal - Comitán - Tapachula

Die Fahrt durch das ostmexikanische Hochland führt zunächst auf der N-190 über Comitán (vgl. dort), bis fast zur guatemaltekischen Grenze, dann weiter in den Süden über *Motozintla* und die Paßstrekke nach Tapachula, insbesondere der letzte Abschnitt ist spektakulär. Ab *Frontera Comalapa* und weiter über die Berge bis Tapachula fährt man teilweise bis auf 3000 m, eine herrliche Panoramastrecke, aber oft schlechter Belag und sehr viele Kurven. Die Mühe lohnt ganz bestimmt. "Für Landschaftsfreunde und Naturliebhaber ein Muß", wie ein begeisterter Leser schrieb.

Übernachten kann man in der interessanten Grenzstadt T a p a - c h u l a (75 000 E., **i** im Museo Regional, am Zocalo) das Klima ist das ganze Jahr über angenehm warm, man kann bis weit in die Nacht in den Straßencafes am Zocalo sitzen und das Treiben beobachten. Das alles vor der Kulisse von 4000er Vulkanen. Kaum Tourismus, angenehme Stadtatmosphäre ohne stressige Höhepunkte. Sehr sehenswert die große Markthalle hinter dem Zocalo, Alltagskultur ohne touristisches Theater. Im ersten Stock Imbisstände, ideal zum Beobachten des Marktgeschehens.

In den Küstenniederungen südwestlich von Tapachula, also am Südhang der Sierra Madre, zu erreichen über die Mex-200, wächst Tropisches: Mangroven, Bananen und Kakaoplantagen.

▪ Ü b e r n a c h t e n im guten Hotel Pueblo*, 3a. Calle Poniente.

Oder in der soliden und preiswerten Hospedaje Sadaj, Callejon Belisario Dominguez 17, nähe der 4. Norte, mit Bad.

Viele gute und aber recht teure Restaurants um den Zocalo.

▪ V e r b i n d u n g e n : Tapachuala ist auch eine wichtige Station für Leute auf der Rückreise von Guatemala nach Mexiko, weil man von hier mit Inlandflügen (Aeromexico: 2. Av. Norte, Nr. 6 , beim Hotel Rochester) zügig nach Mexiko-City und Oaxaca weiterkommt. Busbahnhof mit ständig geöffnetem Restaurant, Ankunft zu ungünstigen Zeiten also kein Problem.

Häufig vom Zentrum, bzw. ab Bahnhof 2. Kl., 7a. Calle Poniente, Pendelbusse zur Grenze bei Talisman/El Carmen, die ca. 10 km östl. liegt. Busanschluß nach Gua.-City und Quezaltenango.

B u s Comitán - Tapachula: Von Comitán auf der Mex-190 bis Motozintla. Umsteigen und weiter bis Tapachula.

Halbinsel Yukatán

Die Halbinsel Yukatán gehört mit den berühmten archäologischen Zonen von Uxmal und Chichen Itza, mit der alten Kolonialmetropole und dem heutigen Verkehrsknoten Mérida und mit den Karibikstränden zwischen Isla Mujeres/Cancún und Chetumal zu klassischen Zielen im Osten Mexikos. Folgerichtig führt eine Variante des Gringo-Trail (vgl. dort) von Villahermosa, bzw. ab Palenque nach Norden: Über Mérida und die archäologischen Zonen erreicht der Gringo Trail dann bei der Isla Mujeres das erste Mal die karibische Küste, um dann bei Chetumal in den kleinen Nachbarstaat Belize zu führen.

Aber auch abseits der oben genannten großen, bekannten Ziele, die in jeder Mexiko-Rundreise zu finden sind, bietet die gesamte Halbinsel Yukatán (und ich meine damit nicht nur den eigentlichen Bundesstaat Yukatán, sondern auch die im Süden angrenzenden Staaten Campeche und Quintana Roo) eine Fülle reizvoller und bei den Reiseveranstaltern praktisch unbekannter Ziele. Da auch hier die Entfernungen recht groß sind und die Verbindungen in den menschenleeren Buschwaldregionen und Savannen von Yukatan, gerade abseits der Hauptrouten spärlich sind, ist Yukatan besonders für Leute mit dem eigenen Mietwagen eine ideale Region für einsame Entdeckungsfahrten. Hier nur ein paar alternative Ziele zur Einstimmung: Die Cenotes (unterirdische Karstseen) im Norden Yukatáns, die einsame Piste zwischen Francisco Escárcega und Chetumal, die ruhigeren archäologischen Zonen: Sayil, Kabáh,

Labná und besonders das reizvoll gelegenen Coba nahe der Karibikküste.

Eine negative Entwicklung ist besonders für Badefreunde zu beachten: Entlang der gesamten Karibikküste Yukatáns, also zwischen Isla Mujeres und Chetumal, werden die Träume von der heilen Karibik immer brüchiger. Auf Isla Mujeres wütete im Oktober 1988 der Hurrican Gilbert, der die letzten Romantikpalmen (ein Großteil war schon vorher krank und geschädigt) wegfegte.

Schlimmer noch wütet aber in der gesamten Region um Isla Mujeres/Cancún/Cozumel ein permanenter Bau- und Erschließungsboom. Die z.T. sehr schönen Bungalowanlagen (sog. Cabañas) zwischen Punta Bete und Tulum sind nur noch in der Nebensaison, wenn Preisnachlässe auszuhandeln sind, ihr Geld wert. In der Hochsaison oft extreme Preis für Einzelbucher.

▪ **Fazit:** Solide, charmante Unterkünfte, saubere Küsten und preiswerte Restaurants sind entlang der mexikanischen Karibikküste - die ja auch zu den Standardzielen sonnenhungriger US-Touristen zählt, speziell in der Wintersaison - immer seltener. Zumindest sollte man die beiden Ballungsgebiete Cancún und ähnlich, freilich weniger extrem die Isla Cozumel meiden, wenn man auf den üblichen Baderummel keinen Wert legt. Auch das Rucksackparadies Isla Mujeres hat nicht mehr viel von seinem Zottel-Charme der 70er. Für einen reinen Bade- und Strandaufenthalt scheint mir die gesamte Region mittlerweile nicht mehr attraktiv genug. Ein Reiz liegt allerdings in den teilweise sehr guten Tauchmöglichkeiten entlang der Küste und in der Kombination mit Touren in das einsame Hinterland: Dazu braucht man dann aber möglichst einen Mietwagen. Viele Traveller kommen aber auf der Durchreise nach Belize und Guatemala ohnehin vorbei und bleiben nur kurze Zeit an einzelnen Standpunkten, um ein paar Tage am Strand zu relaxen. Dafür ist die Gegend allemal geeignet.

Campeche

140 000 E., am Golf von Mexiko. Die Hauptstadt des gleichnamigen Bundesstaates war früher eine beliebte Zwischenstation auf dem Weg nach Yukatán. Seit Jahren wirkt diese Stadt nicht mehr so einladend: Zwar ist da ein Stadtzentrum mit Kolonialbauten, aber es verfallen viele Häuser, in anderen Vierteln wurde viel gebaut. Herausragende Sehenswürdigkeiten, die einen Umweg lohnen würden, gibt es ohnehin nicht - und die nahe Karibik lockt ...

▪ H o t e l : Baluartes**-***, das Luxushotel am Meer, gutes Restaurant, schöne Zimmer.

Preiswerter und im Zentrum liegt das Hotel Colonial*, Calle 14, Nr. 122. Angenehmes älteres Gebäude mit Patio, trotz der zentralen Lage relativ ruhig.

Noch preiswerter ist das Castel Mar*, in der Calle 61, beim Hafen, Nr. 2. Einfach.

Hotel America*, Calle 10 , nahe Zocalo. Ein alter Kasten mit Innenhof, Marmortreppen, Ballsaalzimmer mit Dusche, sehr ordentlich und sauber.

Das Restaurant Miramar (Ecke Calle 8/61) ist gehoben und meist auch gut, besonders Fisch!

▪ V e r b i n d u n g e n :

Flugplatz: Bus- und Zugbahnhof liegen außerhalb, am besten mit Taxi erreichbar.

Bus: 1.Kl. Busse Camino Real nach Mérida (mehrmals tägl.), und Villahermosa. Tägl. ein 1. Kl. Bus nach Palenque.

Zug: Campece liegt an der Haupttrasse Mérida - Campeche - Tenosique - Palenque - Veracruz - Mexiko-City. Längere Zugpassagen sind aus diversen Gründen nur Leuten mit viel Zeit und Abenteurern zu empfehlen, vgl. dazu unter Palenque, Abschnitt Verbindungen. Ausnahme: Reservierte 1. Kl. Abteile. Interessant ist die direkte Zugverbindung mit Palenque und Tenosique. Nach Palenque 11 Uhr und 23 Uhr, So. nur 23 Uhr. 9 Stunden.

Auto: Richtung Villahermosa: Die kurze Küstenstraße ist nicht die schnellste, denn sie erfordert 1 x Fährbenutzung, besser kleinen Umweg über Straße 186.

Als Ausgangspunkt für den Besuch der archäologischen Zonen (Uxmal, Sayil, Labná usw.) eignet sich Mérida viel besser als Stützpunkt. Ausnahme: Mit dem Mietwagen kann man von Campeche aus nach Norden fahrend die Zonen nacheinander abklappern.

Mérida

800 000 E., 8 m. Mérida ist Hauptstadt, Verkehrsknoten (großer, intern. Flugplatz) und kulturelles Zentrum des Bundesstaates Yukatán. Kompaktes, überschaubares Zentrum mit viel weißer Architektur und einigen gut erhaltenen Baudokumenten aus der Kolonialzeit. Im Sommer sehr heißes Klima, zur Saison relativ viel Tourismus, wegen des nahen internationalen Flugplatzes in Cancún und der vielen archäologischen Zonen in der Umgebung.

Vor der Verbreitung von Kunstfasern hat der Handel mit Sisal- und Henequenprodukten zum Aufstieg der Stadt als wohlhabendes Handelszentrum beigetragen - aus dieser Zeit stehen noch viele prächtige Villen. Mittlerweile ist Mérida eine recht laute, verkehrsreiche und hektische Stadt, kaum für einen längeren Aufenthalt geeignet. Wegen der guten Flugverbindungen mit Miami und Übersee und allen anderen wichtigen Städten in Mexiko ist Mérida aber auch interessant als alternativer Ausgangspunkt einer Reise in Ostmexiko gegenüber Mexiko-City, das ja noch um einiges anstrengender ist.

Erste Orientierung

Für den Touristen ist Mérida der klassische Ausgangspunkt für den Besuch der berühmten archäologischen Zonen der Umgebung, insbesondere der bekannten Zonen *Chichén Itza* und *Uxmal*. Daneben sind die Karibikbadeorte von Mérida aus mit dem Flugzeug oder Bus schnell zu erreichen. Mérida ist eine spanische Gründung von 1542, ursprünglich homogen gewachsen mit viel Kolonialarchitektur. Mittlerweile recht touristisch wegen direkter und zahlreicher Flugverbindungen nach USA und Übersee. Im Sommer extrem heiß, dazu kommt starker Verkehr in der engen Innenstadt, erwarten Sie also keine allzu faszinierende Stimmung.

Mittelpunkt des städtischen Lebens ist der Zocalo. Von hier können fast alle wichtigen Punkte zu Fuß erreicht werden. Die Straßen sind systematisch numeriert: Gerade Zahlen: Straßen in N-S-Richtung, ungerade W-O-Richtung. Zur Regenzeit, im Sommer ist das

Klima sehr heiß, dafür hat es in dieser Zeit wenig Touristen; allzuviel sollte man sich aber nicht vornehmen.

Wegen der guten Hotelsituation und der voll entwickelten touristischen Infrastruktur bleibt Mérida ein beliebter Stützpunkt auf jeder Mittelamerikareise. Zum längeren Bleiben ist die Stadt dennoch nicht geeignet, dazu ist es hier einfach zu laut, zu eng und zu hektisch.

Für Leute, die am Flugplatz ankommen: Im neuen, übersichtlichen Flugplatz ist ein gutes Turismo, mit Hotel-Reservierungsservice: Man nennt ein Hotel seiner Wahl, oder wählt aus einer Liste aus, das Büro ruft dann an und bestätigt die Zimmer, keine Zusatzkosten.

* Der (orange) Bus Nr. 79 (manchmal Aufschrift: 'Aeropuerto' oder 'Aviación') hält direkt vor dem Ankunftsgebäude und fährt ins Zentrum. Auch Taxis, ca. 25 Mark/Zentrum.

* Im neuen Busbahnhof ebenfalls eine Zimmervermittlung; ab Nachmittag geöffnet.

▪ Sehenswertes

Die steingewordenen Vermögen der Sisalplantagenbesitzer sieht man noch heute in der Stadt (vgl. auch Ausflug zur Sisalfinca auf dem Weg nach Uxmal). Mérida wird in den Prospekten als *weiße Stadt* gepriesen, so strahlend ist die Stadt freilich schon seit Jahren nicht mehr. Die besten Beispiele für prächtige Kolonialarchitektur sind entlang des periferen *Paseo de Montejo* zu sehen, im engeren Zentrum sind keine großzügigen Boulevards. Leider ist das Palais Montejo nun im Besitz der Banamex Bank und nicht mehr zu besichtigen.

Das *Kolonialmuseum* am Paseo de Montejo Nr. 485 ist wieder geöffnet (Di.-So. 8-18 Uhr).

Sehr interessant ist der Markt, *Mercado Municipal*, täglich außer Sonntag. Mit einer Riesenmenge von Sisalprodukten, wohl der welt-

Paseo de Montejo
Hauptstraße Calle 62
Calle 45
C.43
C. 47
9.
C.49
C.51
C. 53
C. 55
C. 57
11.
13.
zum Bahnhof
Ecke C.48
5.
8.
C.59
7.
4.
2.
Park Hidalgo
C.61
6.
3.
Zocalo
C.63
Kathedrale
10.
C.65
Hospital
Cruz Roja
1.
C. 67
12.
70
68
66
64
62
60
58
56
54
C.69
nach Chi. Jtza, Cancun
Busbahnhof ADO
C.71
nach Uxmal
Mercado
1. Casa Bowen
2. Hotel Caribe
3. Gran Hotel
4. Hotel Reforma
5. R. Albertos
6. El Louvre
7. H. Panamericana
8. Hotel Colonial
9. Hotel Los Aluxes
10. Hotel Sevilla
11. Hotel Colon
12. Post
13. Reisebüro Mérida Travel
N
0
100m
400
Mérida

größten Auswahl an Hängematten, Hüten etc., nahe der Post, zwischen Calle 65/67 und Calle 56/58.

In Mérida ist wirklich die beste Gelegenheit, sich mit *Hängematten* einzudecken, wichtig ist dies für für Leute, die in den einfachen Unterkünften an der Karibikküste, im Regenwald oder später in Tikal/Guatemala gut und von Krabbelgetier ungestört schlafen wollen.

Gutes Angebot, außer auf dem Markt auch bei: La Poblana, in der Calle 65, eine weitere Adr. vgl. unten.

▪ Unterkunft

Die Hotelsituation ist gut. Es gibt viele ehrwürdige Hotels, teilweise in alten Kolonialbauten, mit Patio, tropischer Bepflanzung, und angenehmer Stimmung. Während der Saison, besonders über Weihnachten/-Neujahr und Ostern möglichst vom zuvor bewohnten Hotel reservieren; außerhalb dieser Zeit kaum Probleme. Hotels und Restaurants sind (außerhalb der Saison) recht preiswert. Generell gilt: Die Gegend nördlich des Zocalo ist schöner als jene südlich.

Zentral beim und nahe dem Zocalo:

Hotel Caribe**, Ecke 59/69, an dem kleinen Park-Hidalgo, seit Jahren ein gutes und solides Mittelklassehaus, kleiner Pool auf dem Dach, von dort Sicht auf die Stadt. Viele Zimmer mit air-con., Schließfach für Wertsachen. Reservierung von Deutschland möglich: H. Caribe, Parque Hidalgo, Merida (Yuc.), Tel. (992)-49022. Im Hotelpatio ein Restaurant, davor ein zweites, El Rincon, angenehm zum Draußensitzen.

Gegenüber das sehr angenehme Cafe Express, hier auch gute einfache Speisen, idealer Platz zum Zeit vertrödeln oder auch beobachten des Straßentreibens.

Hotel Montejo, Calle 57, Nr. 507, Tel: 21 45 90. (Nicht verwechseln mit dem teurer Monetjo Palace). Altes, einfaches aber solides Hotel mit schönem bewachsenem Innenhof. Drei Blocks nördlich vom Zocalo.

Hotel Trinidad*-**, Calle 62, Nr. 464, alte Kolonialvilla, freundlicher Besitzer, ein Maler, der seine Bilder auch ausstellt. Auch Mehrbettzimmer, meist gute Betten. Schöner Patio. Waschgelegenheit. Herrliche Dachterrasse mit Blick über Mérida. Preiswert und derzeit ein wirklich guter Tip. Hotelgäste können den Pool im dazugehörenden Hotel in der 60. Calle/51. Calle umsonst benützen.

Gleich neben dem o.g. Caribe, auch am kleinen Hidalgo-Park, Calle 60, Nr. 496, der frühere Klassiker Grand Hotel*, heute stark in die Jahre gekommen, mit viel Patina und Bröckelputz, aber ausreichend, jedenfalls nur für Freunde verblichenen Charmes ein Erlebnis . . . , Restaurant 'El Patio' im malerischen Innenhof gut.

Ganz zentral auch das Hotel Lord*, Calle 63, Nr. 516, Tel. 39371, nur 50 m zum Zocalo, aber relativ ruhig. Ebenfalls gut auch das neue Hotel Los Aluxes**, Calle 60, Nr. 444, im Norden, am besten für Mietwagenfahrer.

Drei Blocks vom Zocalo das seit Jahren vielgelobte und solide Hotel Dolores Alba**, Calle 63, Nr. 464, Tel. 213745. Ein familiär geführtes Haus in einer alten Kolonialvilla. Gleicher Besitzer wie Dolores Alba in Chichén-Itza, so daß problemlos reserviert werden kann, Garten, Schwimmbad. In letzter Zeit häufig Klagen über Wegelagerermethoden der Besitzer (besonders bei den überteuerten Mahlzeiten), also Vorsicht. Wurde Ende '89 erweitert und renoviert.

Recht stilvoll wohnt man in der Casa Bowen*, Calle 66, Nr. 521-B, Ecke Calle 65, in der Nähe der ADO- Busstation, zwar nicht absolut zentral, aber in 5 Min. ist man zu Fuß im Zentrum. Das helle, freundliche Haus wird von einem Amerikaner betrieben, in den Kolonialgebäuden ist eine ganz angenehme, fröhliche Stimmung, dazu ein Patio für laue Abende. Es gibt auch Appartements mit Küche. Abgeschlossene Garage. Renovierung täte Not.

Auch gut, aber teurer: Posada del Angel**, Calle 67, zwischen Calle

66 und 68, Nr. 535. Nahe beim Busbahnhof.

Preiswert

Die Casa de Huespedes*, in der Calle 61/Ecke 62 ist zwar deutlich sichtbar in die Jahre gekommen, dennoch eine charmante Unterkunft im Kolonialstil, mit Patio und schönen Zimmern, wenn man keine großen Ansprüche an die sanitären Anlagen stellt. Trottertreff. Noch zentral.

▪ Essen

Fast alle Hotel-Restaurants bieten Essen, das teilweise sehr gut ist, in angenehmer, schattiger Umgebung. Ein Genuß, abends in einem angenehm warmen Patio zu tafeln, leichter Wind, tropische Düfte . .

Portico del Peregrino, (Restaurant vom Hotel Caribe) Calle 57, zwischen Calle 60 u. 62. Ein Klassiker, gepflegt, nicht billig, aber gut.

Las Casas Blancas, gegenüber Hotel Mérida Mision, gepflegtes Ambiente, gute Qualität.

Los Almendros, Calle 50, zw. 57 und 59. Die Adresse für gute yucatanische Küche.

RicoMacTaco, 58. Calle, zw. 61. und 63. Einfach, gut, preiswert.

El Louvre, am Zocalo, Calle 61/62. 24 Stunden geöffnet, Treff für alle, kein ruhiger Platz zum Speisen, dafür aber städtische Atmosphäre, gut zum Debattieren, eher Bierhallenatmo, Essen mäßig. Ein schönes Cafe ist das El Meson beim Kino, nähe Zocalo.

Im Zentrum auch viele Saftbuden, die - nur für Magentrainierte - köstliche *licuados* anbieten.

Gute und ausschließlich vegetarische Küche bei: La Anaga, Calle 60, zw. Calle 53 u. 55.

▪ Verbindungen

Als Verkehrsknoten Yukatans hat Mérida zahlreiche Verbindungen mit allen wichtigen Städten der Region. Mérida ist ein idealer Ausgangsort für Mietwagentouren. Viele der kleineren archäologischen Zonen sind am einfachsten mit dem Mietwagen zu besuchen, ebenso die reizvollen unterirdischen Seen auf der Halbinsel, die Cenotes (vgl. dort), auch an der Karibikküste gibt es noch einige leidlich schöne kleine Orte und Bungalowanlagen, die am einfachsten mit dem Mietwagen abzuklappern sind (vgl. Isla Mujeres - Puerto Juárez - Tulum). Großes Angebot an Vermietern z.B. in der 60. Calle, verschiedene Agenturen checken.

Flugplatz: Neu, gut bestückt, mit Post, Läden, Zimmervermittlung etc. In einem 'Airport Guide' einmal als klimatisch heißester Flugplatz der Welt klassifiziert - wenn die Klimaanlage geht, ist's nicht so schlimm. Da wird es in Chetumal oder Belice heißer!

Verbindungen mit: Cancún, Chetumal, Cozumel, Mexiko-City, Villahermosa, Oaxaca. Nicht mehr mit Guatemala-City (nun aber gibt es eine Verbindung Cancún-Gua.-City, vgl. Cancun). International mit zahlreichen Städten in den USA, mit Madrid.

Bus: Auch der neue 1.Kl. Terminal ist gut ausgestattet, mit wichtigen Läden und Reservierungsschalter. (Gegenüber dem Terminal das vernünftige Restaurant Marys in der 69. Calle).

Verbindungen mit den wichtigen Orten Yukatans. Auch nach Chetumal, Villahermosa, Oaxaca, Mexiko-City, alle mit 1.Kl. 'ADO'. Bus auch nach Palenque direkt, ca. 3 x tägl., nur 2. Kl.

Nach *Chichén-Itza* - P. Juárez (Isla Mujeres), mehrm. tägl. 1. Kl. (mit Aufenthalt in Chichén aber nur 1 mal gegen 8.30, zurück gegen 15 Uhr, Aufenthalt bei den Ruinen dann doch recht kurz) und 2.Kl.

Allerdings keine 1. Kl. Verbindung zur Zone von *Uxmal*, mit 1. Kl. Bus nur als organisierte Tour. 2 kl. 2 mal tägl. 8.30 und 11 Uhr.

Wer nachts auf dem Busterminal ankommt (oft unvermeidlich bei direkten Anreise aus Richtung Palenque/Villahermosa), wird geräumt, schlafen in der Halle wird oft nicht geduldet. Gleich um die Ecke wartet aber ein 24 h Restaurant und das Hotel Maria Teresa* liegt auch in der Nähe (Calle 64, Ecke 65), die Rezeption hat bis in die Nacht geöffnet.

Nach Isla Mujeres mit dem 1.Kl. Bus über Chichén-Itza nach Puerto Juárez. Von dort Fähre. Ca. 12 x täglich 1.Kl., 5 Stunden, Halt in Chichén-Itza, sehr empfohlen, siehe dort.

Für Eilige: Flug nach Cancún, von dort in wenigen Minuten mit Bus nach Puerto Juárez.

Zug: Mérida ist Station der Strecke von Mexiko-City über Palenque - Campece - Mérida. Details siehe unter Palenque Verbindungen. Der Bahnhof liegt außerhalb. Vgl. auch Palenque/Zug.

▪ Adressen

Britisches Konsulat, für Visa nach Belice, Calle 58/53 (Visa für Belize aber praktisch immer noch an der Grenze (evtl. gegen geringes Handgeld zu haben).

Casa de Cambio, 56. Calle, zw. 57. und 59. Calle: Geldtausch auch an Wochenenden. Außerdem am Zocalo, im gleichen Haus wie Restaurant El Louvre.

Deutsches Konsulat, Calle 56, Nr. 506-A, Tel. 127 80.

Schweizer Konsulat: Calle 62, Nr. 483, (Hotel Colon).

Hängematten, große Auswahl und Probeliegen bei El Aguacate, Calle 58/73, Nr. 604.

Turismo, Hauptstelle weit außerhalb, Av. Itzaes 590/Calle 59. Tel. 159 89 und 300 95. Weitere Stelle jetzt: 60/nähe zur Calle 59 Straße.

Taxi, Standplatz am Zocalo und am Parque Hidalgo, großes Angebot.

Reisebüros, zur Reservation von Hotels bei den Ruinen Mérida Travel Service, Calle 60, Nr. 488. Service unterschiedlich, geben sich aber oft Mühe. Cook's Wagon Lits, gut, Calle 60, Nr. 466. Viele kleine Autovermieter im Bereich Calle 60/57 Straße. Preise vergleichen!

Wäscherei, in den größeren Hotels und: Calle 60, zwischen Calle 47 und 49, Mo - Sa: 8 - 19 Uhr.

Progresso/Chelem/Celestún

Progresso, der Merida nächstgelegene Küstenort wird seit Jahren zum Überseehafen ausgebaut, davor große chemische Anlagen, im alten Ortskern Slums, am Strand manchmal Schmutz und Abwasser, also sicher kein lauschiges Ausflugsziel, sondern mexikanischer Alltag. Lohnender Chelem (wenig westl. Progreso), besonders für Leute die auf Komfort verzichten können: Einfache Bungalows 'Villa Nueva', gute Fischgerichte.

Noch ruhiger und gut zum Baden geeignet: Sisal, schöner Sandstrand. Bus tags stündlich ab Mérida Calle 50/67 u.65.

Celestun liegt ca. 80 km westlich Merida, am Golf von Mexiko, erreichbar auf einer Stichstraße. Ländliche Kleinstadt, überwiegend Fischfang und sehr bescheidener Tourismus. Ideal für ruhige Tage am Meer. In den Restaurants eine Fülle von preiswerten Fischgerichten.

▪ Unterkunft: Hotel Gutierrez*, ordentliche Zimmer, weitere einfache Posadas am Ort.

Bus nach Mérida alle 2 h, 2 h Fahrzeit. An Wochenenden starker Ausflugsverkehr von Mérida, Zimmer dann schnell belegt.

Uxmal/Chichén Itza

Uxmal und Chichén Itza sind die beiden bekanntesten und meistbesuchten archäologischen Zonen in der Umgebung von Mérida, die Beliebtheit hat Gründe: Einmal abgesehen von der interessanten Architektur und der historischen Bedeutung der Stätte, beide Orte sind einfach zu erreichen und bieten unmittelbar bei den Ruinen gute Hotels.

Neben Uxmal und Chichén gibt es im Bereich von Mérida noch mehrere, weniger bekannte Zonen, freilich nicht weniger interessant, die allerdings keine Übernachtungsmöglichkeiten nahebei bieten: *Kabáh, Sayil, Labná, Xlapak.* Man erreicht diese Orte jetzt auf recht guten Straßen, sie liegen relativ dicht beisammen, alle südlich der bekannten Zone Uxmal. Anreise am besten mit Mietwagen und in Verbindung mit einem Uxmal-Besuch, Details weiter unten.

Auf dem Weg nach Uxmal

Die Sisalfinca von Yaxcopoil

Ein sehr lohnender Abstecher (einfach zu organisieren aber nur für Mietwagenfahrer) auf der Strecke Mérida - Uxmal, bei km 33 in das Dorf Yaxcopoil mit der gleichnamigen herrschaftlichen Sisalfinca. Der Sisalboom bescherte in den Jahren um 1920 Mérida eines der höchsten pro-Kopf Einkommen in ganz Mittelamerika. Erst durch die Landreform und die Einführung von Kunstoffprodukten verloren die Sisalfincas ihre Bedeutung. In Yaxcopoil wurde aber noch bis 1982 produziert. Die feudalen Herrschafts- und Arbeitsverhältnisse während der Sisalzeit werden beim Besuch der Finca noch einmal deutlich, z.B. an der monumentalen Architektur und den Unterschieden zwischen Arbeiterunterkünften und Produktionsstätten und den Herrschaftsgebäuden.

Im Museum (Einritt, Faltblatt in 4 Sprachen) führt der alte Don Antonio - er war jedenfalls noch 1988 da - der auf der Finca gearbeitet hat. Zu feudalen Glanzzeiten wurden ca. 500 Menschen beschäftigt, mit ihren Familien haben über 2000 Leute auf der Finca gewohnt. Eine anschauliche Dokument der sozialen Verhältnisse im Spätfeudalismus, der in Mexiko bekanntlich noch bis heute wirkt.

Uxmal

Uxmal liegt ca. 80 km südlich Mérida, an der Straße 261. Bus mehrm. täglich, nur 2. Kl., 90 Minuten. Zone schließt um 17 Uhr. Es gibt auch Busse, die einen Rundkurs über Labná - Sayil - Xlapak - Kabáh - Uxmal fahren, dann bleibt aber wenig Zeit für die Besichtigung: Täglich ab Mérida 8 Uhr, zurück mittags.

▪ Hotels bei den Ruinen: Hotel Villa Arqueologica***, gegenüber den Ruinen, ein wirklich ausgezeichnetes, aber auch teures Hotel, empfehlenswert, Restaurant sehr teuer, viele Gruppen. Eines der schönsten Hotels dieser Kette, die ja ohnehin schöne Häuser hat. Kann bereits von Mexiko-City reserviert werden, vl. dort unter 'Hotelreservationen'.

Ein weiteres Luxushotel, aber teurer und nicht so gut: Hotel Hacienda Uxmal, oft von papageienlauten, amerikanischen Reisegruppen bevölkert. Leihwagenvermittlung.

Kabáh, Sayil, Xlapak und Labná: Keine Übernachtungsmöglichkeit, die vier im Puuc-Stil erbauten Zonen können in einem Tagesausflug besucht werden, am einfachsten mit Mietwagen. Verpflegung mitnehmen (Hotels machen Lunchpakete), Getränke meist bei den Eintrittskartenverkäufern. Vgl. auch weiter unten, bei *Ticul*.

* Kabáh liegt ca. 6 km nördlich der Grenze der Bundesstaaten Campeche/Yukatán auf der Straße 261, die Hopelchen und Mérida verbindet. Es kann deshalb bereits beim Uxmal-Besuch besichtigt werden.

Die Abzweigung nach Sayil, Labná, Xlapak liegt ca. 5 km vorher, bzw. 29 km südlich Uxmal. Die Straße ist gut beschildert, asphaltiert und mit jedem Auto zu befahren (nicht nur mit Jeep - wie in einigen Reiseführern zu lesen war und ist). Bis Sayil fährt man 5 km, nach Xlapak (auch Xlampak oder Xlabpak geschrieben) weitere 5 km. Zurück über die gleiche Strecke, oder über Oxkutzkab (70 km Umweg), vgl. dazu unter *Cenotes*, weiter unten. Man kann diese Tour auch gut mit einer Besichtigung der herrlichen Cenotes kombinieren.

* S a y i l ist eine sehr weitläufige Zone, 1981 war erst ein Palast restauriert, dann wurde laufend weiter gegraben. Nun diverse Wege ins Dickicht mit Wegweisern, plötzlich tauchen überraschend Tempel und Stelen auf (wie der La Venta Park in Villahermosa, nur in natura!).

* X l a p a k : Kleine Zone, ein größeres Bauwerk, zwei kurze Wege zu kleineren Tempeln, die nicht restauriert sind.

* L a b n á : Sehr sehenswert, besonders der berühmte Triumphbogen, alle Bauwerke dicht beieinander. Zur Besichtigung aller Zonen unbedingt Mückenschutz mitnehmen!

T i c u l liegt ca. 70 km südlich Mérida, bei den archäologischen Zonen von Uxmal, Kabáh, Labná und Sayil. Es ist ein Aufenthaltsort für Leute, die nach dem Besuch der archäologischen Stätten in einer ruhigen Provinzstadt (14 000 E.) relaxen möchten. Es gibt hier wenig Touristen, die Preise sind erfreulich niedrig, dazu viel mexikanischer Alltag, besonders abseits der Durchgangsstraße N 261.

▪ Übernachten kann man im preiswerten Hotel Sierra Sosa am Zocalo, saubere, einfache Zimmer, Dozi ab 15 Mark. Der Besitzer spricht englisch und hilft mit Tips weiter (das Hotel war aber in den letzten Jahren in schlechtem Zustand). In derselben Calle das Restaurant Almendros.

Weitere Übernachtungsalternative in Ticul, Hotel San Miguel*, Calle 28, preiswert, ebenfalls freundliche Besitzer.

In der Vorstellung der Maya besteht das Universum aus Himmel (13 Schichten), Oberwelt (1 Schicht) und Unterwelt (9 Schichten). Verbunden und zusammenghalten wird alles durch den mächtigen Ceiba-Baum, dem auch die Menschen entstammen.

Die Unterwelt ist in Yukatán sehr real, denn der Karstsockel der Halbinsel ist von einem in mehreren Stockwerken verlaufenden Karsthöhlensystem regelrecht unterhöhlt und durchlöchert. Die wasserführenden Höhlen heißen Cenote, die trockenen Actun. Manche sind nur schwer zugänglich, dunkel und bedrückend, andere lassen durch Einbrüche in der Karstdecke Licht und Pflanzen herein, so entsteht mitunter ein unwirklicher, märchenhafter, ganz einmaliger Eindruck. Die Cenotes sind seit der ersten Besiedlung Yukatáns die einzigen Wasserquellen zur Versorgung des Menschen. So haben sie einst die tiefe Verehrung der Mayas gehabt, alle tragen einen Namen. (Vgl. dazu im Literaturteil, Wilhelmy, H.)

1. Tour:

Von Mérida aus nach Süden bis Ticul

Am besten also in in Verbindung mit einem Besuch der ebenfalls südlich Mérida gelegenen Puuc-Zentren Labná, Sayil, Kabáh, Uxmal. Ab Mérida mit PKW oder Bus (Calle 67) in Richtung Kanasin, über Tepich nach Acanceh, dort 3/4 um den Marktplatz herum (bzw. hinter dem Marktplatz rechts ab) nach Tecoh (auch Tecob) und von dort bis Telchaquillo. Der Cenote in diesem kleinen verschlafenen Ort liegt gegenüber der Dorfkirche, rechter Hand, direkt auf dem Markplatz. Dort sind zwei ummauerte Öffnungen, eine, die hintere mit den Treppen, ist der Eingang. Ein typischer, lange genutzter Wasserversorgungs-Cenote. Die Kaiserin Carlotta soll dort gebadet haben.

Telchaquillo liegt unmittelbar an der alten Mayastadt Mayapán, die in den Jahrzehnten unmittelbar vor der Entdeckung und Eroberung eine bedeutende Rolle gespielt hat. Die Ruinen sind sehr zerfallen, ein Besuch lohnt dennoch. Unmittelbar vor der Hauptpyramide liegt der

Cenote Ch'en Mul. Vor Einstieg die Erlaubnis des Inah (Aufsehers) einholen. Hier, wie auch in den anderen Cenotes und Actunes, am besten eine starke Taschenlampe mitnehmen.

Weiter nach Süden bis Mani. Der Cenote liegt etwas versteckt hinter dem Marktplatz, am Palacio Municipal vorbei, den Kopfsteinweg hinunter in der unmittelbaren Nähe des großen Ceiba-Baumes. Der Cenote ist nicht sehr eindrucksvoll, eher bedrückend - aber einprägsam. Die hier noch nach der christlichen Bekehrung den Regengöttern dargebrachten Kinderopfer veranlaßten den Bischof Diego de Landa zu seiner berüchtigten Verbrennung der hieroglyphischen Handschriften im Jahre 1562. Die Franziskaner-Mönche haben den Cenote später von oben angebohrt und einen ochsenbetriebenen Ziehbrunnen daraus gemacht.

Von dort weiter zur großen Höhle von Loltun in der Nähe von Oxkutzcab. Diese Höhle ist gut erschlossen. Es gibt eine Führung, während der die einzelnen Abschnitte des weitverzweigten Systems gut beleuchtet werden. Sehr eindrucksvoller Rundgang. Dauer ca. 1 Stunde.

Die Höhle von Loltun weist Zeugnisse einer alten und ununterbrochenen Benutzung auf. Sie ist ein unbedingtes Muß für jeden, der nicht nur oberflächlich die Mayazentren Yucatáns bereist, sondern einen tieferen Einblick im wahrsten Sinne anstrebt.

■ *Übernachtungsmöglichkeiten: Es gibt es recht ordentliche, sowohl in Oxkutzcab, als auch in Tekax, ca. 20 km weiter SO-wärts, beide Orte an der Mex-184, oder in Ticul, ca. 15 km nord-westlich (zwei Hotels, vgl. oben). Man kann je nach Tageszeit von Oxkutzcab über die neue Straße noch die Zentren Labná, mit Xlabpak ganz in der Nähe und Sayil besuchen, und dann wieder zurückkehren, oder am anderen Morgen weiterfahren, um dann nach Norden in Richtung Kabáh und Uxmal abzubiegen (immer über den Straßenzustand erkundigen). Zwei bis drei Tage sollte man für diese Tour ansetzen, einschließlich der Ruinenbesuche, insbesondere natürlich dem von Uxmal.*

Mérida - Homun - Chichén-Itza

Ausgangspunkt ist wieder Mérida. Die Strecke bis Acanceh ist dieselbe. Dort fährt man dann aber auf dem Marktplatz geradeaus weiter über Eknacan, Cuzama, nach Homun. Der Cenote liegt ca. 500 m vor dem Ortseingang, rechter Hand, gegenüber dem Friedhof. Ein recht neuer Ziehbrunnen markiert den Beginn des Fußweges. Der Cenote von Homun ist optisch wunderschön: kristallklares Wasser, märchenhafte fast unwirkliche Lichtverhältnisse und wie als Verwirklichung des kosmischen Modells der Maya wächst ein mächtiger Baum aus ihm heraus: Unterwelt, Oberwelt und Himmel miteinander verbindend. Dafür muß man, um auf die Nationalstraße 18 in Richtung Chichén Itza zu gelangen, die etwas holprige Straße über Hocaba nach Tahmek in Kauf nehmen, aber: ich glaube, es lohnt!

Es wird damit deutlich, daß man den Cenote von Homun am besten mit einem Besuch Chichén Itzas verbindet. Dort ist natürlich der berühmte Opfer-Cenote und innerhalb des eigentlichen Zentrums der Cenote Xtoloc, beide ohnehin sehenswert und in der Besichtigung Chichéns eingeschlossen.

Wirklich real wird die Unterwelt wieder etwa 4 km hinter Chichén. Dort liegt links von der Nacional-180 (Mex-180) die berühmte Gruta de Balankanché. Erst 1959 wurde hier ein versiegelter Seitengang entdeckt, in dem sich ein aus der toltekischen Periode stammendes, völlig unberührtes unterirdisches Kulturzentrum erhalten hatte. Die vielen dort gefundenen Kultgefäße bezeugen die unmittelbare Verbindung Nordyukatáns zum Hochtal von Mexiko, zwischen dem 10. und 12. Jh.n.Chr. Vor dem Eingang zur Gruta eine Art botanischer Garten, mit beschrifteten Pflanzen.

Wer ohnehin vorhat, weiter nach Osten, an die Küste und vielleicht nach Tulum oder an einen der Badeorte zu fahren, kann ca. 3 km vor Valladolid rechts zum Cenote Dzip Nup abbiegen: ein nun geteerter, ca. 2 km langer Weg führt dorthin. Leider wurde der Cenote jahrelang als Schwimmbecken benutzt, der Müll wurde aber beseitigt. Nun gibt es ein Wärterhäuschen (Eintritt) und Parkplätze und die Anlage wirkt gepflegt. Im dunklen Dämmerlicht erschließt sich dem Auge nach kurzer

Zeit der Umstellung eine unwirkliche Märchenwelt.

Neben diesen zu einer Tour zusammengestellten Cenote- und Höhlenbesuchen, lohnt es auch, den Cenote von Dzibilchaltún, ca. 15 km nördlich von Merida, rechts der Nacional 261 nach Progresso gelegen, zu besuchen. Je weiter man nach Norden kommt, desto höher liegt der Wasserspiegel der Cenotes. Der Cenote Xlacah, inmitten der Ruinen von Dzibilchaltún reicht mit seinem Spiegel bis an die Kalkplatten des Randes. Er ist sehr tief und hatte einmal klares, blaues Wasser. Jetzt wird auch hier viel gebadet, das Wasser ist veralgt und überall liegt Müll herum. Schöne Bademöglichkeit bietet schließlich der Cenote von Holca (Merida Richtung Chichén, ca. 500 m links der Hauptstraße).

Ein Bus fährt täglich 7.15 Uhr und 12.15 Uhr hierher, ab Busbahnhof Progresso (30 Min.) zurück um 17 Uhr, die Haltestelle liegt am Eingang der archäologischen Zone.

▪ *Da man sich vielleicht auch ein wenig durchfragen muß, hier noch einige Tips zur Aussprache: X wie sch in schön, ch wie tsch in Tschad, s wie ss in Tasse, j wie ch in Kachel - h genauso, aber etwas weicher, c wie K im Kampf, außer im Anlaut, dann wie ss. Die Maya-Wörter werden grundsätzlich auf der letzten Silbe betont.*

Bericht von Jürgen Kremer, Bonn/Mexiko - herzlichen Dank!

Chichén-Itza

Die ausgedehnte archäologische Zone von Chichén Itza (8 qkm) erfordert einige Zeit zum Anschauen. Die Bauwerke zählen zu den am besten restaurierten und eindrucksvollsten in ganz Mittelamerika. Interessante Architektur in üppiger, tropischer Umgebung (allerdings nur während der Regenzeit - sonst eher braune Savannenlandschaft) und gute Übernachtungsmöglichkeiten sprechen zumindest für eine Übernachtung bei den Ruinen von Chichén. Die meisten Leute kommen auf dem Weg zu den Karibikzielen ohnehin in Chichén vorbei. Es lohnt sich, nicht hastig durchzueilen.

▪ Sehr empfohlener Abstecher (bes. für Mietwagenfahrer, ansonsten 1 x tägl. Zug ab Mérida) auf dem Weg auf der Mex-180, nach Chichén Itza: Ab Hoctún, bzw. Kantunlich eine Schleife nach Norden, ca. 20 km bis I z a m a l. Eindrucksvoll, weil hier die Mayaruinen gleichsam in das lebendige Ortsbild - mit einem riesigen Kirchplatz - integriert sind. Ein alter Kolonialort, abseits der Reisebusströme, mitten darin eine imposante Mayaruine. Izamal wird von Einheimischen auch *gelbe Stadt* genannt, weil früher per Gesetz alle Häuser gelb gestrichen werden mußten. Leserkommentar:

"Der wuchtige Klosterbau thront auf Mayaterrassen, eine Pyramide ist vom Buschwerk gereinigt, auch hübscher Markt. Auch ein Abstecher nach Yaxcaba ist lohnend, Cenote Xtojil auf Feldweg zu erreichen (Abzw. beschildert), pastorale Gegend mit hohen Bäumen, idyllisch." Und nochmal Leserlob über Izamal: " Wer genug von Amis und Touristenbussen hat, wird sich hier wohlfühlen, ein Ort zum Verlieben..."

▪ Einfache Unterkunft im Hotel Kabul*, am arkadengesäumten Hauptplatz unterhalb des Klosters.

▪ Busanfahrt nach Chichén Itza: Chichén liegt auf der beliebten Busreiseroute Merida - Chichén - Puerto Juárez (Isla Mujeres) - Chetumal - Belize.

Bus aus Mérida, mehrmals täglich 1.Kl. ADO, 120 km, 2 h. Ebenso häufig Busse aus Puerto Juárez, 1. u. 2. Kl., manchmal Umsteigen in Valladolid.

Seit kurzem auch mit Aerocaribe (Fokker 27) 5 x wöchentl. nach, bzw. von Cancún.

Die Straße 180 wurde vor Jahren nach Norden verlegt und führt jetzt nicht mehr quer durch die archäologische Zone (wie auf manchen Karten noch vermerkt). Von Mérida kommend liegen die großen Hotels, wie Villas Arq. und Hachienda Chichén scharf rechts der Straße, von Valladolid kommend Hinweisschilder.

Der *Haupteingang* (gleichzeitig 2. Kl. Busstop) zur eigentlichen archäologischen Zone liegt jetzt also an der Westseite (nahe Juego de Pelote), an der Ostseite gibt es einen Nebeneingang für die Bewohner der Hotels Hacienda, Dolores Alba, Villas etc.).

▪ Unterkunft

In *Piste*

Von Mérida aus kommend 3 km vor den Ruinen (Busstop, aber meist halten nur 2. Kl. Busse, die aus Cancún kommend aber oft voll): Hotel Posada Novela*, einfach, aber o.k. Nicht mehr gut: Hotel Cunanchen, Schwimmbad, Restaurant, auch 3er Zimmer. Der Besitzer des Restaurants Parador Maya (an der Hauptstraße) vermietet preiswerte Cabanas*. (Bus Piste - Tulum, ab 7.30.).

Gut und solide, wie fast alle Hotels der Mision Inn-Kette** auch das Haus in Piste, Restaurant relativ teuer, besser gegenüber.

In Chichén, direkt bei den Ruinen wohnt man natürlich am teuersten. Die früher wunderschöne Bungalowanlage des Hotels Hacienda Chichén vermodert zunehmend, die Preise sind horrend, vielleicht wird das Hotel nach einem Managerwechsel wieder so gut wie früher ...

Auch das Mayaland direkt neben dem Eingang der Zone ist

sehr teuer, es wird viel von amerikanischen Reisegruppen gebucht, also nicht gerade ein lauschiger Platz, dafür aller Luxus.

▪ Gut wohnt man in Chichén etwas abseits der Zone, ca. 2 km in Richtung Puerto Juárez: Im Hotel Dolores Alba**, zwar recht einfache Zimmer, aber gutes Essen, herrlicher Rotwein von der Baja, herrlich um stille tropische Sommerabende zu erleben. Dazu ein Pool und ein großer Garten und viel Ruhe. Ideal zum Relaxen. Gleicher Besitzer wie Dolores Alba in Mérida, man kann als von dort aus problemlos reservieren. Das Hotel liegt bei km 122, einige Zimmer deshalb nicht ganz ruhig. Auch hier berichten einzelne Reisende wie in Mérida von überhöhten Essenspreisen (und Taxipreisen zu den Ruinen), die einsame Lage bisweilen ausgenützt.

Nahebei wieder ein Hotel der ausgezeichneten Villas Arqueologicas-Kette***, wie immer aller Luxus in einer Spitzenlage, gutes Restaurant - natürlich nicht eben billig, die sich aber - wie in Uxmal - lohnend! Beide Hotels haben einen Zubringerdienst zu den Ruinen.

Das Hotel Pyramide Inn**, mit herrlichem Pool, gutes Restaurant, Service ist eher mäßig.

In der Hochsaison (Weihnachten/ Neujahr/Ostern) unbedingt Zimmer reservieren. Am ehesten wird man dann in Piste unterkommen, die meisten Zimmer in den Luxushotels sind für Reisegruppen vorgebucht!

▪ Valladolid - Puerto Juárez: Übernachtung auf dem Weg an die Karibikküste/Isla Mujeres, bzw. bei Wartezeiten auf den Bus nach Rio Lagartos (105 km nördl. Valladolid, vgl. bei Isla Mujeres) in Valladolid. Ein staubiger, auf den ersten Blick uninteressanter Ort, aber immer noch viel erhaltene Kolonialarchitektur.

▪ Unterkunft: Hotel Maria Guadalupe*, einfaches, sauberes Hotel.

▪ Verbindung: es gibt einen Direktbus Valladolid - Tulum (über Coba), er erspart den Umweg über Cancún, tägl. ca. 13 Uhr, Aufschrift: *Playa* (hält oft). Alternative 1. Kl. über Cancún, nach Tulum.

Karibikküste

Es gibt in Mexiko drei Hauptorte für einen Badeaufenthalt an der Karibikküste: Cancún, Isla Cozumel und Isla Mujeres. Alle drei Orte, so verschieden sie sind - haben in den letzten Jahren eine rasante touristische Entwicklung erlebt, nicht unbedingt zu ihrem Vorteil. Auch der veheerende Hurrican Gilbert (Herbst '88) konnte die touristische Invasion nicht verhindern. Schon einen Monat darauf wurde weiter gebaut und das Chaos beseitigt, bzw. vergrößert. Aber vergleichbar sind die Orte ohnehin nicht:

C a n c ú n ist eine am Reißbrett geplante Luxustouristensiedlung, eines der ehrgeizigsten und aufwendigsten Tourismusprojekte des Landes, dessen erste Stufe zu Beginn der 80er Jahre vollendet wurde, voll auf auf die Freizeitbedürfnisse US-amerikanischer Touristen (und auf ihre Dollares) hin konzipiert: Auf einer 21 km langen Halbinsel stehen und entstehen Luxushotels und ausgedehnteste Sportanlagen, auf dem Festland die ebenfalls neue Siedlung Cancún, am Stadtrand die Elendsviertel der Tagelöhner. Sämtliche Infrastruktur. Darunter ein Jet-Flugplatz mit internationalen Verbindungen. Cancún bietet somit allen Ferienluxus, beste Tauchmöglichkeiten, Touristenmassen die übliche hektische Bauerei und vergleichsweise hohe Preise (die meisten Verwüstungen des Hurricans Gilbert an Gebäuden sind repariert, nur die Palmen fehlen noch).

Etwas anders die Luxusinsel C o z u m e l , der Tourismus hat hier mehr Tradition, die Atmosphäre ist etwas angenehmer, auch weil die Infrastruktur nicht so schnell gewachsen ist, es wirkt alles etwas organischer. Beste Bade- und Tauchmöglichkeiten. Abseits der teuren touristi-

schen Zentren, die freilich auch auf die Bedürfnisse von US-Touristen eingerichtet sind, noch viele einsame Stellen. Kurzinfos vgl. weiter unten, Kapitel Puerto Juarez - Cancun - Tulum. Interessant und in den letzten Jahren immer beliebter gerade unter Einzelreisenden als Aufenthaltsalternative zu Mujeres/Cozumel: der Abfahrtsort der Personenfähre nach Cozumel: Playa del Carmen.

Die Verwüstungen an Gebäuden, verursacht vom Hurrican Gilbert im Herbst '88, konnten zwar mittlerweile weitgehend behoben werden, dennoch bleibt das Landschaftsbild wohl auf Jahre hin lädiert: zahlreiche Palmenhaine wurden zerstört, ganze Strände weggeschwemmt. Am ärgsten im Norden um die Isla Mujeres, weiter nach Süden und südlich Acumal deutlich schwächer. Die Idylle des Titelbildes ist leider nur noch an wenigen Orten im südl. Bereich der Küste erhalten.

Isla Mujeres

Die kleine Insel im äußersten Nordosten Mexikos besitzt noch keinen Jet-Flugplatz und bis auf eine Ausnahme auch keine Hotelsilos am Strand. Es gibt nur einen Ort auf der Insel, die Straßen zwischen den einfachen, flachen und bunt gestrichenen Hausquadern sind schmal, wenig Autoverkehr, nach ein paar Tagen kennt man sich. Pauschaltourismus blieb der Insel bislang weitgehend erspart - nicht aber die immer größer werdende Invasion von Individualtouristen und von Ausflugsgruppen aus dem nahen Cancún (Leserspott: *Amiinsel*). Auch diese Besucher haben das Inselleben gründlich verändert. Noch vor 10 Jahren war Isla Mujeres wohl ein sog. Geheimtip, heute hat sich die Insel total dem Tourismus verschrieben, mit allen negativen und positiven Folgen: Charme, Romantik und Armut einer kleinen Karibikinsel sind endgültig verschwunden, aber immer noch hat Isla Mujeres einen Inselbonus und noch immer erwarten viele Besucher mehr als eine kleine Insel bieten kann, aber die Legenden sind eben zäh.

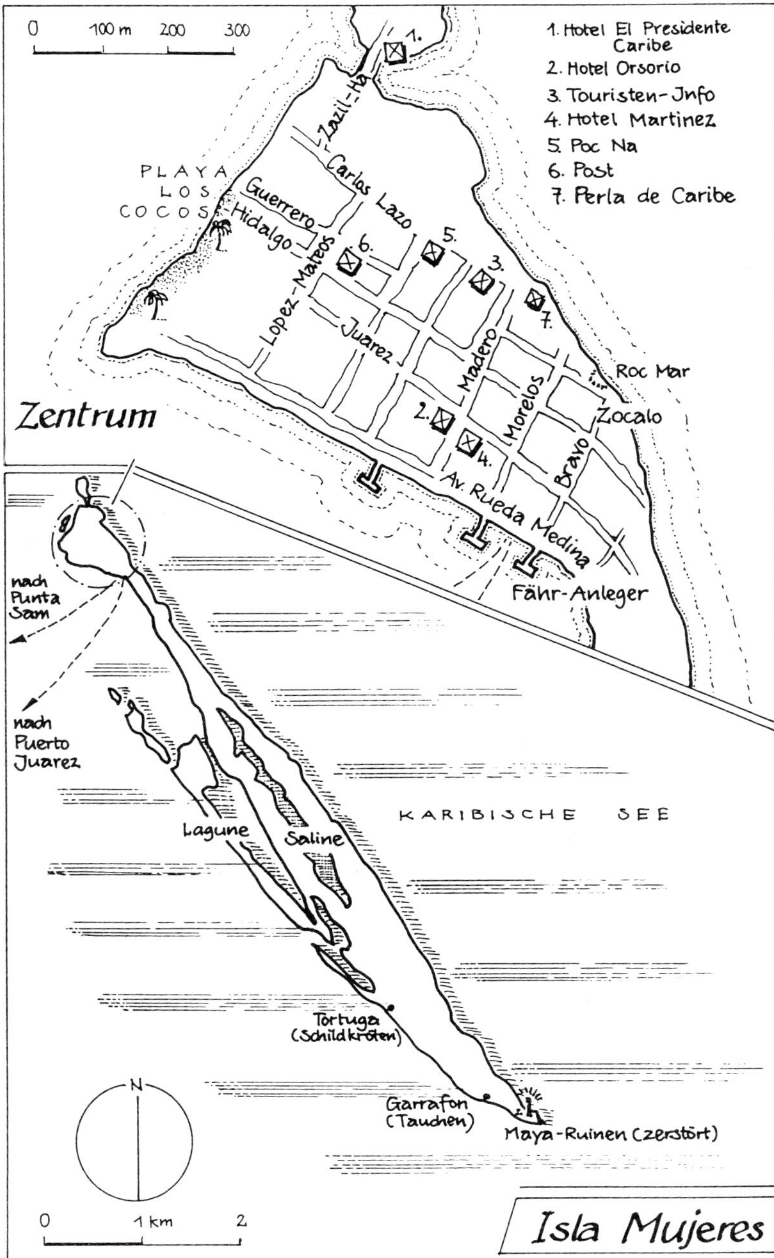
0 100 m 200 300
1. Hotel El Presidente Caribe
2. Hotel Orsorio
3. Touristen-Jnfo
4. Hotel Martinez
5. Poc Na
6. Post
7. Perla de Caribe
PLAYA LOS COCOS
Zazil-Ha
Carlos Lazo
Guerrero
Hidalgo
Lopez-Mateos
Juarez
Madero
Morelos
Bravo
Roc Mar
Zocalo
Zentrum
Av. Rueda Medina
Fähr-Anleger
nach Punta Sam
nach Puerto Juarez
KARIBISCHE SEE
Lagune
Saline
Tortuga (Schildkröten)
Garrafon (Tauchen)
Maya-Ruinen (zerstört)
N
0 1 km 2
Isla Mujeres

Was bleibt? Ein paar hunder Meter sehr schöne Strände (die Postkartenpalmen sind weg. Krankheit weg, der Sandstrand Los Cocos ist wegen des Hurricans Gilbert vom Herbst '88 geschrumpft. Gilbert wütete hier am verheerendsten er köpfte die letzten Palmen). Dazu touristische Einrichtungen, ideales Klima und Badewetter, Touristen (außerhalb der Hochsaison) in Maßen. Die Besucher sind ganz überwiegend jung, viele Rucksackreisende, Traveller, die sich von der langen Tour erholen. Von Juli - Mitte September viele Europäer, über Weihnachten und Ostern viele Amerikaner. Ansonsten gibts Platz für jeden, die Stimmung ist informell, man lernt sich schnell kennen, ein wenig Ibiza in der Karibik. Aber nochmals: Das Paradies ist vorbei, es wurde und wird viel gebaut auf Isla Mujeres, der Fischreichtum ist geschwunden, an den Stränden liegt da und dort Unrat. Erwarten Sie also keine Trauminsel. Die Zeiten, als frische Kokosnüsse mit sattem Plop vor einem im Sand einschlugen, sind vorbei.

B a d e n , am Hauptstrand *Los Cocos*, jetzt ohne die Traumkulisse vergangener Jahre (90% der Palmen wurden durch eine Insektenplage vernichtet; der Rest vom Hurrican). Der Strand liegt an der Nordspitze der Insel, 5 Fußminuten vom Zentrum, zur Saison meist viele Touristen, einfache Strandrestaurants, abends Disco und Lagerfeuer.

Ruhiger, aber bei wesentlich unruhigerem Wasser ist es an der Ostküste, es gibt dort ganz einsame Strände, oft felsig, manchmal auch schmutziges Wasser, je nach Wind. Meist große Wellen.

Vorsicht vor der sehr intensiven Sonnenstrahlung am gleißend hellen Sand!

T a u c h e n , nur bedingt im Naturschutzgebiet *Garrafon* an der Südspitze der Insel. Steilküste mit kleinem Korallenriff. Naturschutzgebiet ist allerdings ein irreführender Begriff, fast täglich werden schon ab 10 Uhr früh Scharen von Cancún-Touristen hierhergebracht, seither ist auch der legendäre Fischreichtum erheblich zurückgegangen, Vergnügungspark wäre treffender. Empfehlenswert nur bedingt und außerhalb der Saison sowie zu unüblichen Zeiten, sonst ein überfüllter, teurer Spaßpark, mit mehr Tauchern als Fischen. Das Wasser ist am Vormittag am ruhigsten und zum Tauchen am besten geeignet. Tauchausrüstung im Ort oder direkt dort. Auch Flaschen erhältlich, Tauchkurse etc. Anfahrt entweder mit Leihfahrrad oder kleinem Motorrad. Ein kleines Restaurant ist an der Küste.

Von Garrafon aus führt ein Fußpfad (ohne Schatten) zum Leuchtturm an der Südspitze der Insel. (Die bescheidenen Reste einer kleinen Maya-Ruine sind vom Hurrican zerstört).

▪ Viel lohnender zum Schnorcheln ist der Ausflug zur Insel Contoy, vgl. unten

Die riesigen *Wasserschildkröten*, die nur noch an wenigen Stränden leben, werden leider bis Ende der 80er noch immer gejagt, die Eier gesammelt. Man konnte die Tiere auch beobachten bei der *Estacion Biologica* und ca. 1 km vor dem südlichen Ende der Straße (Plan) im *Coral Tortuga*, beides wurde von 'Gilbert' verwüstet, Wiederaufbau noch ungewiß.

Abends auf Isla Mujeres: viele Privatfeten am Strand. Billardsalon gegenüber Restaurant Ciro's, Kino am Zocalo, diverse Discos (einfach) im Ort, eine noble im El Presidente - Caribe.

▪ Unterkunft

Es gibt reichlich Hotels von Mittelklasse bis einfach, wegen der wenigen Pauschaltouristen aber nur einen großen Hotelklotz. Einfach-Unterkunft genügt auch vollauf, weil sich das Leben praktisch ganzjährig im Freien abspielt. Bei der rasanten Entwicklung der Insel sind solide Tips natürlich schwer, also lieber etwas suchen, als gleich ins erste Zimmer (rein)-fallen, die Preise sind recht hoch. Im Januar viele US-Amerikaner mit entsprechender Stimmung auf der Insel, Zimmer können dann knapp werden (gilt für die gesamte Wintersaison von Weihnachten bis Ostern, speziell für Wochenenden), am besten man kommt früh am Tag und hat dann noch Auswahl. Hier nur Orientierungshilfen, Änderungen sind immer möglich:

Zentral in der Av. Madero

Das Martinez* und das Orsorio* sind seit Jahren zwei Klassiker auf der Insel: Vom Landesteg aus links auf der Av. Rueda Medina, dann die zweite Querstraße (Verl. der Av. Madero) rechts hoch, nach ca. 100 m sind Sie dann bei den Hotels. Je nach Laune der Besitzer ist mal das eine besser, mal das andere.

Wenig vorher - also näher zur Küste hin - und mindestens ebenso gut: Maria Jose*, weiter oben: Maya del Caribe*-**. Wie in den meisten Hotels gibt es in der Nebensaison oft Reduktion.

An der Ostseite

Gut und mit mehr Komfort an der offenen Seeseite, ebenfalls in der Av. Madero: Perla del Caribe** (früher Rocas del Caribe), komfortabler Neubau mit Pool, an der Ostseite, direkt am Strand, der ist allerdings oft rauh, nachts oft gewaltiges Meeresgetöse.

Marcianito*, Abaso 10, Tel. 20111, ein kleines Hotel mit freundlichem Service.

Ebenfalls noch 1989 viel gelobt: Nabalam*, Adresse unbekannt.

Autel Carmelito*, Av. Guerrero 9, sauber und preiswert. Etwas teurer.

Einfach, billig

Maria de los Angeles*, Av. Juárez, am Südende des Ortes und Cabañas Maria am Cocos Strand, einfache Hütten mit Terrasse, gut für Hängematten.

D e r Treff der jungen Traveller ist das Poc Na, die Sceneherberge im oberen, östlichen Ortsteil, immer Action & easy-going, einfache Zimmer mit Hochbetten, abends Musik und Kontakte, preiswert.

Das Luxushotel - eine mächtige Betonpyramide - an der nordöstlichen Inselspitze war lange Zeit völlig vergammelt und wegen Einsturzgefahr geschlossen, dann hat es die Presidente-Kette übernommen, und nach den Verheerungen des Hurricans aufwendigst restauriert. Vom El Presidente Caribe*** liegen deshalb noch keine neuen Infos vor. Abends angesagt ist jedenfalls die herrliche Bar am Meer, Sonnenuntergang!

Eine stille und stilvolle Unterkunftsalternative: Maria's Kan Kin**, kurz vor dem Garrafon Revier. Schöne Zimmer mit herrlicher Sicht und kleinem Vorraum. Das muß natürlich bezahlt werden. Bei längerem Aufenthalt Handeln.

Wie in allen Ferienorten entlang der Karibikküste können die Preise zwischen Hoch- und Nebensaison stark schwanken! Schlafen am Strand wird nicht geduldet!

■ Essen

Wie bei den Hotels ist es auch beim Essen schwierig, langfristig gute Tips zu geben, besser selbst umschauen. Zu den Klassikern zählen Ciro's und 'Gomar', beide im Ortszentrum, aber mit häufig wechselnder Qualität (Spezialität: Riesenlangusten auf dem Holzkohlengrill). Seit Jahren gut: La Peña am Zocalo. Schöne Frühstücksterrassen vorne am Fähranleger

Vielgelobt auch das französiche Restaurant von Maria, an der Südspitze der Insel.

* In den meisten Restaurants gibt es ein reichhaltiges Angebot an Fischen und Meeresfrüchten. Früher gehörten auch die großen Meerschildkröten zu den Inselspezialitäten, seit Jahren findet man dieses Gericht zum Glück nicht mehr auf den Speisekarten. Immer noch reichlich werden Hummer und andere Mariscos angeboten (auch zu zahlbaren Preisen).

▪ Verbindungen

Auf der nahezu topfebenen Insel sind Leihfahrräder oder Mopeds verbreitet. Für Taxifahrten gelten Festpreise, Taxis am Fähranleger.

Überregional: Der alte, ehemalige *Militärflughafen* auf der Insel wird seit kurzem von kleinen Regionalmaschinen (Aerocozumel) angeflogen:

Derzeit Mo., Do. (manchmal aber Fr.) und So. Verbindung mit Cancún und Cozumel, ändert sich häufig, nachfragen.

Ebenso eine Verbindung mit Tragflügelbooten: I. Mujeres - Cancún - Cozumel (in den letzten Jahren unregelmäßig, bitte schreiben, ob ja).

Jet-Anschluß zu zahlreichen nationalen und internationalen (Karibik-) Destinationen ab Cancún (u.a. tägl. Mérida).

Nach Puerto Juárez verkehren zwei Fähren:

1. Personenfähre vom/zum Bushalteplatz in Puerto Juárez: Fahrplanänderungen häufig, ca. 7 mal täglich, 40 Min., 2 Mark.

2. Autofähre ab Punta Sam, 5 km nördlich Puerto Juárez, 6 x täglich 40 Min., mit Auto: 10 Mark. Karten vorher im Gebäude am Fähranleger kaufen. Ständig Busverbindungen Punta Sam - Puerto Juárez. Fähre befördert auch Reisende ohne PKW.

▪ Adressen: Isla Mujeres ist klein und übersichtlich, nach einem Tag kennt man alle wichtigen Plätze. Turismo in der Av. Guerro 8. Post: Av. Guerro/Av. Lopez Mateos. Taxis am Bootslandesteg.

Bei Motorrad- und Fahrradverleihern vorher alle Funktionen chekken, was nach der Fahrt defekt ist, muß bezahlt werden.

Ab Isla Mujeres Bootsausflüge, jeden Morgen ab Landesteg (am Abend zuvor wird Werbung dafür gemacht), meist Ganztagestouren inkl. Verpflegung mit selbstgefangenen Meeresfrüchten. Z.B. zum Vogelparadies Contoy. Sehr, sehr lohnend, unglaublicher Vogelreichtum, derzeit (Ende '89) ca. 70 Mark. Gesamtdauer ca. 7 h, Fahrzeit ca. 3 h. Schnorchelausrüstung wird gestellt. Man kann unterwegs und bei der Insel tauchen. Mittagessen (meist Barracuda-Fisch mit Salat und Brot) wird unterwegs zubereitet. Eine wirklich lohnende Sache.

Weitere Vogelparadiese vgl. unten: Holbox/Rio Lagartos.

Isla Holbox: Vereinzelt auch ab Isla Mujeres (aber nur per gechartertem Boot, kein Liniendienst, rumfragen). Einfacher aber über Valladolid (ca. 110 km nordöstl., gute Straße) zu erreichen ist der ruhige Rucksacklertreff Isla Holbox: schöne, stille Strände, Hängemattenlager, nur einfache Kneipen. Viele Wasservögel und besonders Flamingos.

Übliche Anfahrt: Von Valladolid mit dem Bus bis Chiquila, dann Fähre, die aber nur bei Bedarf verkehrt.

Noch viel ruhiger und fast nur von Mexikanern besucht: Rio Lagartos, 105 km nördl. Valladolid (Bus über Tizimin), bislang nur ein Hotel: Flamingo*. Es werden sehr lohnende Bootstouren zu den Flamingo-Sandbänken organisiert.

Puerto Juárez - Tulum - Chetumal

Die Karibikküste zwischen Puerto Juárez und Chetumal bietet eine Reihe interessanter Aufenthaltsmöglichkeiten. Auf der gut ausgebauten Straße Mex-307 ist problemlose Anfahrt möglich. Die teilweise wenig bekannten Buchten, *Caletas* der Region sind durchaus eine Aufenthaltsalternative zur Isla Mujeres, sie sind durch Stichstraßen von der Mex-307 erschlossen. Das Autofahren in dieser Region des Bundesstaates Quintana Roo macht Freude. Die Straße verläuft zwar auf langen Strecken im monotonen Buschwald, manchmal auch im Dschungel, der stellenweise gerodet wurde. Abzweigungen führen aber immer wieder an die Postkartenküste (manchmal wird an Tauchbuchten Eintritt verlangt). Das Meer wird hier im Sommer bis zu 30 Grad warm. Leider wurde der gesamte Küstenbereich im letzten Jahren viel von Amerikanern besucht und ziemlich teuer - bei abnehmender Unterkunftsqualität, manche Plätze sind jetzt ebenso überlaufen wie Isla Mujeres, besonders zur Saison im Winter. Später im Jahr, ca. ab Ostern ist dann weniger los.

▪ Unterkunftspreise und Qualität variieren besonders an allen Orten entlang der Karibikküste (einschließlich der Inseln) sehr stark nach Saison und je nach Auslastung, also vor Ort genau hinsehen und verschiedene Anlagen vergleichen.

Die Orte von N - S

P u e r t o J u á r e z : reizloser Ort, Fährstelle nach Isla Mujeres (die Insel liegt in Sichtweite). Verbindungen siehe dort. Für Leute mit Zwangsaufenthalt: Hotel Isabal*, schräg gegenüber der Anlegestelle, gutes Restaurant, viele Mexikanos. Daneben: Restaurant Francis, gutes Essen.

1.Kl. ADO-Bus hält neben dem Landesteg. 2.Kl. gegenüber, links, vor dem Supermarkt.

* Nach 21 km, ab Puerto Juárez: Abzweigung nach links nach P u n -

t a N i z u c , Clubdorf des Club Méditerranée, wenig später, rechts die Abzweigung zum internat. Flughafen Cancún.

C a n c ú n : Moderne Badegroßstadt (bis zu 120 000 Besucher) mit allen dazugehörenden Erscheinungen. Der touristische Komplex, die *Zona Touristica* bzw. *Zona Hotelera* von Cancún liegt auf einer L-förmigen ca. 500 m breiten Sandbank, die dem Festland vorgelagert ist und über zwei Brücken befahren wird. Hier sind die internationalen Groß- und Kettenhotels und die schönsten Strände. Der Flugplatz und der alte Ort Cancún (ursprünglich nur ein winziges, ruhiges Fischernest) liegen auf dem Festland.

▪ Wer's nicht lassen kann: Hochsaison zwischen November und Ostern (mit wesentlich ! höheren Zimmerpreisen als im Sommer). Bester Strand in Cancún: Sheraton Beach, Anfahrt mit Bus Nr. 1 oder 'Hoteles', ab Av. Tulum.

▪ U n t e r k u n f t : Derzeit über 25 Luxushotels auf der Strandhalbinsel, amerikanisch-international und teuer, die meisten mit herrlichen Stränden zur offenen Karibik hin, die allerdings teilweise von 'Gilbert' weggeblasen wurden.

Downtown (also auf dem Festland) die preiswerten Hotels, die aber oft primitiv und laut.

Vernünftige Unterkunft beim Busterminal: El Batab*, Av. Chichén Itza, Nr. 52, nur 5 min. von der Av. Tulum, wo die Stadtbusse abfahren. Preiswert: Downtown, im alten Zentrum: Hotel Tulum*, Av. Tulum 1. Gute Jugendherberge am Strand.

▪ V e r b i n d u n g e n : Cancún ist internationaler Flugplatz mit guten Verbindungen mit den USA und Europa (oft preiswerte Charter) und sehr guter Anbindung an das innermexikanische Netz. Praktisch alle wichtigen Städte sind häufig zu erreichen. Hotelzone - Flugplatz, ca. 15 km, gute Verbindung mit Taxi und Sammeltaxi. Stadtbusse verkehren häufig zwischen den einzelnen Ortsteilen.

Die Regionalfluggesellschaft *Aerocaribe* fliegt u.a. 7 x tägl. nach Cozumel, tägl. nach Oaxaca, 6 x wöchentl. nach Chichén Itza und Villahermosa, 3 x wöchentl. nach Chetumal. Res. Tel: (988)-42131, 42000.

Aerocozumel fliegt nach Cozumel (von dort nach Mérida und Chetumal). Tel: wie Aerocaribe.

▪ Seit kurzem gibt es ab Cancún auch eine Direktverbindung mit *Guatemala-Stadt* (die einzige Flugverbindung von Yukatán, damit können Weitereisende nach Tikal/Flores/Guatemala den etwas mühevollen Landweg über Belize abkürzen): Mit Aeroquetzal 2 mal wöchentl., derzeit Mo. und Fr., ca. 130 US $, one way. Büro Cancún in der Zona Hoteleria, Tel: (988)-40911, genaue Abflugtage nachchecken.

Gute B u s verbindungen, sowohl in Richtung Mérida, als auch in Richtung Chetumal, dorthin z.B. 5 x tägl. 1 Kl., 5 h, Autotransp. del Caribe. Komfortabler 1 Kl. Bus nach Villahermosa, non stop ca. 13 h.

Südlich Cancún

Als nächstes Ziel erreicht man auf der Mex-307 eine Reihe von Badeplätzen, die teilweise herrliche Bademöglichkeiten bieten, bei recht wenig Trubel: P u e r t o M o r e l o s , 36 km südlich Cancún, Fährstelle für die Autofähre nach Isla Cozumel (ca. 3,5 h, einmal tägl., früh morgens). Dann und wann Anlegeplatz für Kreuzfahrtschiffe.

▪ Keine sehr große Hotelkapazität, Unterkunft in Bungalowanlage Cabañas Ojo de Agua**, am nördlichen Rand der Siedlung, guter Strand, teuer! Tauchmöglichkeit, Verleih.

In P u n t a B e t e , 62 km südlich Cancún, Abzweigungen strandwärts: Zunächst zu der Hüttensiedlung Capitan Lafitte.

▪ Wenig weiter südlich und lohnender zu der feinen Siedlung: Cabañas Marlin Azul**, diverse Bungalows direkt am Meer, ausgestattet mit riesigen Betten, Küche, Duschen, Toilette. In der Anlage das Restaurant La Selva, ein paar Palmen spenden (noch) den wichtigen Schatten, außergewöhnlich schöner Sandstrand (je nach Saison aber überteuert, also vorher checken. Der Traumstrand kann allerdings manchmal - wie im gesamten Küstenbereich - durch Ölklumpen verschmutzt sein. Die Cabañas sind reservierbar von Mérida aus: Calle 61, Nr. 477, Tel. (99)-21 7410. Ebenso die (auch teuren) Cabañas Capitan Lafitte, (diese Bungalows teilweise mit Klimaanlage). Restaurant. Daneben ein Zeltlager mit Restaurant Arno. Reservieren von Mérida: Calle 58, Nr. 471, Tel. 230485. Postadresse: Apartado Postal Nr. 1463, Mérida. Yuc.

■ Außerdem gibt es strandwärts Punta Bete noch einen einfachen Camping, mit Salzwasserduschen, Cabañas ohne Strom.

Teure Träume

An der gesamten Karibikküste sind gute Zimmer und speziell auch bezahlbare, gepflegte Bungalows - sog. *cabañas* - in der Hochsaison knapp und sehr teuer. Dies gilt besonders für die diversen, oft ja wirklich traumhaft gelegenen Cabaña-Anlagen im Küstenbereich zwischen Puerto Morelos und Tulum. Die romantische Lage am weißen Strand und am Meer muß besonders während der absoluten Hochsaisonzeit, also zwischen Weihnachten und über Neujahr hoch bezahlt werden. Spontanbucher bekommen dann kaum noch 1. Wahl. In der Nebensaison können aber vor Ort oft erhebliche Nachlässe ausgehandelt werden, so daß die Anlagen wieder bezahlbar werden.

Playa del Carmen

Playa del Carmen liegt 68 km südl. von Cancún. Es ist ein beliebter, in den letzten Jahren rasch gewachsener Badeort, zugleich die Anlegestelle der Personenfähre nach Cozumel. Der Ort ist je nach Saison ruhig-verschlafen bis lebhaft und hat mittlerweile eine sehr gute touristische Infrastruktur, die in den letzten Jahren explosionsartig vergrößert wurde (zahlreiche Neubauten, Ferienanlagen, etc.). Es wurde auch 1989 immer noch sehr heftig gebaut, so daß es an dem noch vergleichsweise stillen Ort bald lauter und etwas cancunmäßiger werden kann. Vorerst jedenfalls noch ein wenig Aussteigercharme. Playa del Carmen wurde in den letzten Jahren auch bei europäischen Reisenden immer beliebter, die eine Alternative zur Isla Mujeres suchen. Nach wie vor auch alternatives Publikum, im Rucksack immer noch: Castañeda und Tigerbalsam, in den Kneipen leiern Stones & Doors.

Geeignet für einen kurzen Badestopp, allein schon wegen dem herrlichen weiten und sehr großzügigen Badestrand, auch hier hat die Palmenkrankheit, bzw. der Hurrican mittlerweile praktisch alle Bäume entlaubt. Die größeren Hotels werden viel von Amerikanern besucht. Es gibt mehrere Tauchriffe in der Nähe, Motorbootservice. Wegen der Fährverbindung mit Cozumel auch sehr gute Anschlußverbindungen mit dem Bus nach Süden und Norden.

▪ Unterkunft in Playa del Carmen

Direkt an der Anlegestelle liegen die besseren Hotels, darunter die beiden teuren und komfortabelen Hotels Molcas***, luxuriöser, schöner Neubau, sehr teuer. Ähnlich Balam Ha***.

Preiswerter und ebenfalls direkt am Strand: Costa de Mar**. Direkt an der Hauptzufahrt zum Strand:

Hotel Quintas**, Neubau mit herrlich gelegenen Zimmern, Klimaanl. Pool, für das Gebotene eher preiswert.

Preiswert

Pension Posada Lily*, einfach, schräg gegenüber dem Busbahnhof, nahe dem Zocalo. Oder Sie fragen sich zu Susan Winter durch *Dona Susana*, Susan vermietet Häuser und preiswerte Cabañas.

Hotel Maya Bric*, Zufahrt über die Hauptstraße, direkt vor dem Zocalo links, nach ca. 400 m auf der rechten Seite. Angenehmer Familienbetrieb mit Pool, schöne Zimmer, freundliche Leute. Frühstücksrestaurant, abschließbarer Parkplatz.

Campingplatz, Jugendherberge CREA und preiswerte Hotels im Ort, die billigsten an der Zufahrt von der Mex-305 zum Ort.

Cabaña-Anlagen

Bungalowanlage Banana Cabañas* in einem schattigen Garten mit guten sanitären Anlagen, preiswert, dennoch mit Strom, nette Besitzer, gutes Frühstück. Halbvegetarisches Restaurant in derselben Straße.

Sehr schön gelegen auch die relativ neue Cabaña Anlage am Strand: Office Cabañas Welcome, oberhalb des Fähranlegers, in der gleichen Richtung wie Hotel Tucan (bzw. des teurere Hotel Blue Parrot, dieses in herrlich romantischer Lage, direkt am Strand), vgl. unten.

Hotel Tucan*-**, schön gelegene Cabañas mit Bad in tropischer Vegetation, ca. 300 m zum Strand. Schön auch, wie der Name vermuten läßt: Jardin Tropical**, von der Bushaltestelle rechts, in Richtung Fähranleger.

Ein gutes Fischrestaurant in Playa del Carmen ist Dona Juanito, ebenso: Nuestra Señora Playa del Carmen.

▪ Gute Unterkunftsalternative: Posada Pamul**, in P a m u l (Abzw. von der Mex-307, ca. 20 km südl. Playa del Carmen) direkt an der Bucht, schöne Zimmer in Doppelbungalows* am Palmen-

Sandstrand, mit Campingplatz, Restaurant. Allerdings verglichen mit Playa del Carmen relativ teuer. Felsiger Strand, eher zum Tauchen als zum Baden.

P l a y a C h e m u y i l : Eine versteckte Palmenbucht südl. Pamul, noch nicht so entwickelt, nur einfachste Cabañas mit Hängematten. Oder man übernachtet im Freien. Restaurant.

Cozumel

Vielbesuchte Touristeninsel mit allen Einrichtungen, viele US-Amerikaner. Cozumel - die Konkurrenz Cancúns - bietet außergewöhnlich schöne Strände, mit allen Einrichtungen, aber auch sehr weitläufige und noch sehr ruhige Strandpartien, besonders abseits der Hotelzone um San Miguel. Direktverbindungen mit den USA, entsprechende Ferienkultur um die Großhotels.

Zwischen den teilweise großartig gelegenen einfachen Strandhotels an den gleißend weißen Sandstränden der offenen, aber oft rauhen Ostküste (kristallklares Wasser, Palmenhaine, wie gesagt: perfekte Postkartenkulissen) und dem recht reizlosen Ort *San Miguel de Cozumel* (ca. 25 000 E., Flugplatz, Fähranleger) an der Westküste besteht keine regelmäßige Linienbusverbindung. Die meisten Bauten und Straßen, die internationalen Luxushotels und die Bevölkerung konzentriert sich im Raum um San Miguel und in der Westküstenhotelzone: Der Rest der ca. 45 km langen und 20 km breiten Insel ist nur wenig erschlossen.

▪ S t r a n d l e b e n : Neben den nahezu idealen Stränden sind es besonders die guten und vielfältigen Tauchgründe, wie z.B. das nur 1,5 km vor der Südwestküste gelegene *Plancalar-Riff* und das Naturschutzgebiet entlang der gesamten Südwestküste, die vor allem Urlauber aus den USA anlocken. An der Südwestküste der gleichnamige Traumstrand - einsam und ohne Einrichtungen. Zahlreiche

Großhotels und Diving-shops bieten Tauchlehrgänge und Gerät an. Für Nichttaucher gibt es Glasbodenboote, die über die Korallenriffe fahren und so einen Eindruck von der Unterwasserwelt geben.

▪ Unterkunft: Die allermeisten der teuren Ferienhotels liegen an der Westküste, südl. bzw. nördl San Miguel. Preiswerte Unterkünfte im Ort San Miguel (um den Zocalo), wo man auch etwas der Ferienmonokultur der großen Strandhotels entfliehen kann und mexikanischen Alltag erlebt. Preiswert, gleich beim Zocalo z.B.: Hotel Yoli*.

Unter sehr vielen, teilweise wirklich traumhaft gelegenen Unterkünften der Luxusklasse ein relativ preiswertes Hotel, nördl. von Fähranleger und Flugplatz (*am San Juan Strand*): Cantarell**, Tel. (987)-20 144., während der Hochsaison im Winter teuer.

▪ Verbindungen: Personenfähre Playa del Carmen - Cozumel: 3 x tägl., 1 1/2 Stunden. Letzte Fähre gegen 18 Uhr. Außerdem Schnellbootservice mit Playa del Carmen, ca. 20 min, nur unwesentl. teurer als Fähre. Es soll eine Tragflügelbootverbindung nach Cancún eingerichtet sein: 1 x tägl. (mittags, ändert sich oft, unsicher).

Autofähre nach Puerto Morelos (vgl. auch dort. Anleger der Autofähre in Cozumel: 2 km südl. der Personenfähre).

Flugzeug

Tägl. mit Aeromex. ab Cancún, bzw. ab Mérida Anschluß an prakt. alle wichtigen Inland- und Internat. Flüge.

Regional mit Aerocozumel: Kleinflugzeuge Cancún - Cozumel, Playa del Carmen - Cozumel, jew. mehrm. tägl., nach Cancún z.B. 6 x tägl., von Playa del Carmen 5 x , ab 8 Uhr, alle 2 h, ca. 7 min Flug, preiswert. Büro: An der Südseite des Fähranlegers, Res. Tel: (987)-20928, 20503.

Mit Aerocaribe, z.B.: 6 x tägl. Cancún, 1 x Ciudad Playa del Carmen, 1 x tägl. Oaxaca, Villahermosa.

Transport auf der Insel: Verbreitet sind Fahrräder und Mopeds, zu leihen an vielen Stellen in San Miguel und den Hotels. Es gibt ca. 70 km befestigte Straßen, interessante Strände und deren Zufahrt von der Ringstraße um die südl. Inslhälfte sind angezeigt.

Pendelbus entlang der Küstenstraße um San Miguel, hält vor den wichtigen Hotels an der Westküste.

A c u m a l , einer der gepflegteren, kleineren Karibik-Badeorte im Bundesstaat mit dem so schönen Namen *Quintana Roo*. Acumal (Zufahrt über zwei Stichstraßen von der Mex-307) hat wohl einen der schönsten Strände der gesamten Küste: ein kilometerlanger, goldgelber Traum mit Palmenallee (auch die sind von der Palmenkrankheit gefährdet). Es gibt diverse, meist sehr teure Bungalowanlagen, viele US-Touristen, vorgelagerte Riffs, wieder mit hervorragenden Tauchgründen, viele Tauchschulen. Bei denen, die es sich leisten können ist Acumal (der *Schildkrötenplatz*) auch ein Stützpunkt für den Besuch der archäologischen Zonen von Coba und Tulum.

▪ U n t e r k u n f t : Preiswerter als in Acumal übernachtet man allerdings jeweils dirket bei den Ruinen, besonders reizvoll auch in Coba, vgl. dort. Wenige km südl. von Akumal (erschlossen über eine Stichstraße von der 307) die relativ neue und traumhaft zwischen Palmenhainen gelegene Ferien-Anlage *Aventuras Acumal*, mit Bungalows, Hotel, Restaurant und Tauchschule. Wie diese, können die meisten Bungalowanlagen in Cancún reserviert werden.

In herrlicher Lage (auf der Stichstraße die von der Mex-307 nach Norden führt) Hotel Acumal Caribe**, schöne Bungalows, direkt am Meer, aller Komfort, zu vernünftigem Preis aber nur, wenn man in der Nebensaison handelt, bis zu 50% Reduktion sind durchaus üblich.

L a g u n e X e l - h á , 117 km südl. von Cancún. Beliebtes Ausflugsziel, Nationalpark, schließt um 17 Uhr. Sehr stark von US-Amerikanern besucht, während der Saison ein Rummelplatz mit Bussen, erwarten Sie also bitte keine Naturidylle, sondern einen

Freizeitpark. In der Maya-Sprache bedeutet *Xel-há*: 'wo das Wasser geboren wurde'; ein weitverzweigtes System von Buchten, Grotten und Unterwasserhöhlen dazu ein Süßwassersee, reichhaltige Unterwasserfauna mit bunten Fischen, über dem Wasser interessante Vegetation. Es darf aber nur in einigen wenigen Buchten getaucht werden, außerhalb der Saison ein nettes Ausflugsziel, mehr nicht. Besonders nicht für Taucher, die westlich bessere Bedingungen z.B. in Acumal oder auf Cozumel finden.

Lage: 1 km von der Straße 307, Restaurant, Duschen. Eigene Tauchsachen mitbringen, sonst muß man auf die Verleiher warten und versäumt so die ruhigste Zeit.

Tulum

132 km südl. von Cancún. Die berühmte Ruinenanlage direkt an der Karibikküste in traumhaft schöner Lage. Einzig bekannte Anlage direkt am Meer. Tulum bedeutet Mauer oder Festung, gemeint ist damit die Festungsmauer, die um die Zone verläuft. Ursprünglich hieß die Stadt *Zama*, dies bedeutet Sonnenaufgang, und eben dies in Tulum zu erleben ist schon einzig, auch für notorische Kulturverächter. Die Anlage ist allerdings relativ klein, man ist also schnell durch, weite Anreise extra nur wegen der Ruinen lohnt nicht.

Ruinen geöffnet: 7 - 17 Uhr. Baden unterhalb der Felsen, auch innerhalb der Zone möglich - und sehr lohnend, klares Wasser, einzigartiger Blick !!

■ Unterkunft

Das Hotel El Cruceros*, direkt an der Kreuzung zu den Ruinen von Tulum, zuletzt sehr muffig, für das Gebotene zu teuer.

Mehrere Bungalowanlagen, meist sehr einfach, am Strand, vom Parkplatz vor den Tulum-Ruinas rechts ab, dann nach Süden:

Manche Anlagen mit Restaurant, aber teilweise ohne sanitäre Einrichtungen, bzw. zeitweise vergammelt; alle aber mit herrlichem

Strand. So z.B.: Santa Fee; Cabañas Tunich (1989 o.k.), Cabañas Tulum (1989 vergammelt), Paraiso (am herrlichen weißen Strand, einsam, 1989 nach Hurrican vielversprechend renoviert, ziemlich teuer, sowie Chac Mool (Hängebetten, herrliche Lage im Palmenhain, unter US-Leitung, ebenfalls jüngst renoviert, derzeit überteuert, speziell Essen) und Los Arcefes, ca. 6 km südlich der Ruinen. Noch weiter südl. und einsam in bester Lage das teure und komfortable Hotel: Boca Paila.

Über den aktuellen Zustand der Cabaña-Anlagen zwischen Tulum und dem Ende der Stichstraße nach Süden bei Punta Allen (vgl. unten), kann man sich nur vor Ort zuverlässig informieren. Zustand der Hütten und Preise ändern sich ständig. Am besten einzeln abfahren.

▪ Lohnend, besonders für Mietwagenfahrer: Der Ausflug auf der Halbinsel südl. Tulum bis zum kleinen Fischernest Punta Allen. Hier war 1989 noch ein wenig Karibikromantik zu spüren (allerdings auch hier kranke Palmen). Diverse, einfache Unterkünfte, Restaurant.

Gut: Rancho Retiro**, nach der Brücke: kleine Häuschen mit Vorraum, geschmackvolle Möbel. Lesermeinung von 1989: "Die schönsten Cabañas an dieser Küste, im Unterschied zu Tulum den geforderten Preis auch wert."

Bus: Nach Tulum: Ca. 2 x tägl. ab Puerto Juárez, ab Cancún häufiger. Der Bus hält direkt an der Kreuzung zu den Ruinen, auf die Schilder achten, sonst fährt man vorbei. An der Kreuzung Hütten und das kleine Hotel El Cruceros (vgl. oben). Außerdem zwei Restaurants.

Kreuzung - Ruinen: 1 km, Taxi ist also nicht nötig. Busverbindung auch mit Coba, letzte Rückfahrt aber schon gegen 14 Uhr!

Coba

Coba ist eine unbedingt sehenswerte archäologische Maya-Zone mitten im dichten Buschurwald Yukatáns. Zu erreichen auf befestigter Straße ca. 45 km nordwestl. Tulum, Zufahrt auch von Norden aus Nuevo X-Can, oder - jetzt ebenfalls befestigt - über Chemax. Die sehr ausgedehnte Ruinenanlage, erst ein Bruchteil der Stadt ist freigelegt, liegt zwischen herrlicher, zur Regenzeit üppig grüner Buschwaldvegetation im Bundesstaat Quintana Roo, nahe der mexikanischen Karibikküste.

Coba wurde erst in letzter Zeit (seit Mitte der 70er Jahre, die Arbeiten dauern an) restauriert und der Öffentlichkeit zugänglich gemacht. Coba wird noch immer relativ wenig besucht und man kann dort - abseits des Ferienrummels - herrliche Zeit verbringen. Es bleibt Ruhe und Muße zum Erlebnis der großartigen Architektur, Fauna und Flora, die je nach Regenzeit üppig grün bis trocken braun sein kann.

Im Grabungsgebiet mehrere Karst-Seen, Schmetterlinge gaukeln, schönste Libellen und prächtige Vegetation. Auch auf die Gefahr des platten Lobes: Ganz sicher eine der schönsten archäologischen Sehenswürdigkeiten im Land. Besonders für jene, die nicht im Schnelltempo über Grabungsfelder hoppeln möchten, sondern die Szenerie auf sich wirken lassen können. Euphorischer, aber voll berechtigter Leserbriefkommentar:

"Nachmittags kann man gefahrlos im Lago Coba schwimmen, zwischen Fischen und Wasserschildkröten, und nachts spiegelt sich die Milchstraße im ruhigen Wasser des Sees."

▪ Die archäologische Zone (Ausdehnung 10 x 5 km, mit 50 Straßen, 600 Bauten, bei weitem nicht alle freigelegt) wird zur Zeit systematisch erforscht, die Einrichtung eines Nationalparks ist geplant. Coba ist eine der ausgedehntesten Mayazonen, die Stätte wurde von den Spaniern vermutlich nie entdeckt, sie muß noch während deren Invasion bewohnt gewesen sein, also bis ins 16. Jh., die Blüte wird um 300 - 900 n.Chr. vermutet. Das entdeckte Straßennetz um Coba gilt als das dichteste in ganz Mesoamerika, eine

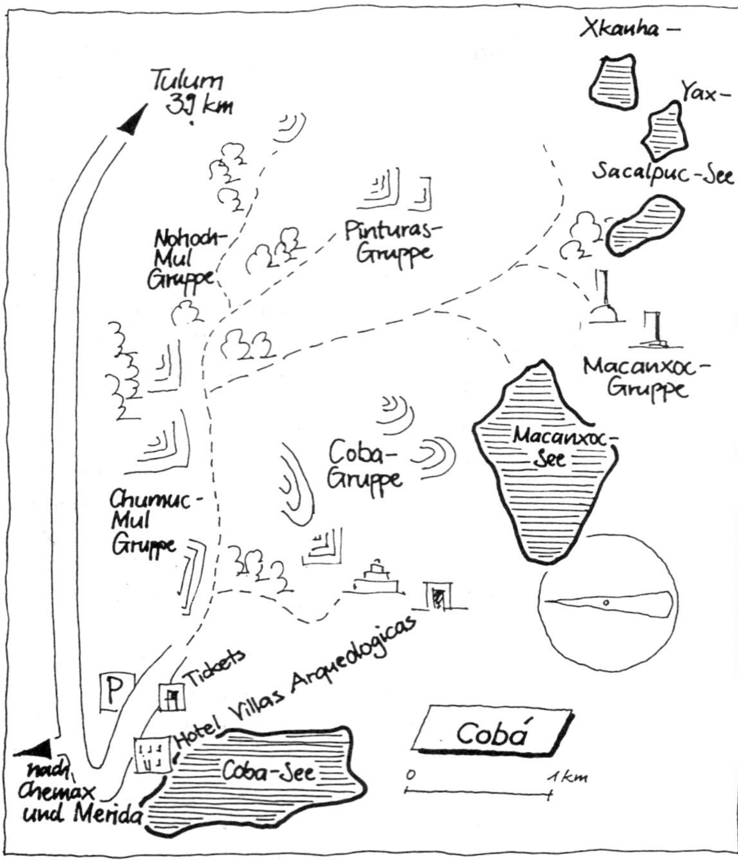
Xkanha-
Yax-
Sacalpuc-See
Tulum
39 km
Nohoch-
Mul
Gruppe
Pinturas-
Gruppe
Macanxoc-
Gruppe
Macanxoc-
See
Coba-
Gruppe
Chumuc-
Mul
Gruppe
Tickets
Hotel Villas Arqueologicas
P
nach
Chemax
und Merida
Coba-See
Cobá
0
1 km

Straße führte bis Yaxuna, bei Chichén Itza.

Zur Erkundung der ausgedehnten Anlage mindestens einen Tag einplanen, festes Schuhwerk, zur Regenzeit unbedingt Mückenschutz. Geöffnet 8-17 Uhr.

▪ Unterkunft direkt beim Eingang zu den Ruinen und am See: Hotel Villa Arqueologica***, wieder ein Spitzenhotel, wie alle diese Häuser, mit Restaurant (das hier ist allerdings nicht immer so gut, nun zunehmend von Club Med. Gästen belegt, recht teuer), schöner Pool, ideal zum Ausspannen. Hotel möglichst von einer anderen Villa Arqueologica aus reservieren, vgl. Uxmal/Chichén. Res. in Mex.-City: Av. Presidente Mazaryk 183, Tel. 2033886 (gleiche Straße wie **i**-Büro).

Die preiwertere Alternative: Hotel El Bocadito*, mit Restaurant, gemanagt von einem ehemaligen Angestellten der Villas, sehr engagierte Betreuung. Liegt an der Kreuzung Nuevo X-Can/Tulum. Und: Isabel*, kleine Bungalows, ebenfalls an der Hauptstraße, am Ortseingang, mit Restaurant. Weitere Hotels sind noch im Bau.

▪ Anfahrt: Bus von Playa del Carmen/Tulum tägl., wer schon in Playa del Carmen zusteigt, kriegt eher einen Sitzplatz; von Valladolid tägl., mittags (vgl. dort). Die Fahrt führt durch herrlich dichten Buschwald.

Achtung Autofahrer: Die Straßen Chemax - Coba und Nuevo X-Can - Coba sind jetzt beide voll befestigt. Wer auf Yukatán und entlang der Karibikküste unterwegs ist, sollte beim Tanken besonders vorsichtig sein. Darauf achten, daß das Zählwerk auf Null steht, es wird gern betrogen. Immer rechtzeitig volltanken - es gibt verflucht wenig Tankstellen. Zwischen Tulum und Chetumal, z.B. nur Tankmöglichkeit im Nest Felipe Carrillo Puerto (Bank, Restaurant).

Felipe Carillo Puerto, der Verkehrsknoten mit dem schönen Namen, liegt auf halber Strecke zwischen Cancún und Chetumal, er ist nicht mehr als ein schlichtes Provinznest.

▪ Nur wenn's sein muß: Unterkunft bei Chan Santa Cruz*, beim Zocalo, gegenüber dem Dorfkino. Mit Klimaanl, einfach, sauber.

Chetumal

110 000 E., an der Küste. Grenzort zum Nachbarstaat Belize, Grenze 8 km südl. am Rio Hondo. i: Plaza Caracol. Heiß-schwüles Klima, recht anstrengende Stadt.

Chetumal ist die Hauptstadt des jungen Bundesstaates Quintana Roo. Früher war die entlegene Region an der Grenze zu Belize ein gefürchtetes Verbannungsgebiet. Dichter, undurchdringlicher Dschungel, Malaria, die ewig feuchte Hitze und Hurricane prägten die *grüne Hölle* Mexikos. Zuletzt verwüstete 1955 ein Wirbelsturm die Stadt, Gilbert wütete 1988 vergleichsweise sanft. Heute müht sich die ferne Regierung mit Entwicklungsprogrammen um die Stadt: Sie ist eine wichtige Verladestation für Tropenhölzer, ein Freihafen wurde eingerichtet, es werden zollfreie Waren aus Panama verkauft (Markt neben dem Busbahnhof). Chetumal wurde an das Inlandflugnetz angeschlossen. Und tatsächlich entwickelte sich Chetumal in den letzten Jahren rapide, allerdings nicht nur zum Vorteil, die Stadt wirkt heute recht hektisch, bei den guten Verbindungen braucht aber niemand allzulange bleiben.

Höchstens der alte Teil am Rio Hondo, mit bunten Holzhäusern und Veranden, vermittelt noch etwas verruchte Karibik-Stimmung, wie wir sie aus den alten US-Filmen kennen. Für die meisten Touristen hat Chetumal eh nur Bedeutung als Grenzstadt vor Belize. Die Straße nach Belize zweigt zwar vor Chetumal ab, aber oft muß man eben übernachten, oder den Bus ab Chetumal nehmen.

▪ Hotel: Ausreichendes Angebot, Qualität wechselt in den unteren Preislagen aber sehr oft, konstante Tips sind schwer. Preiswert: Maria Dolores*-**, Calle Obregon 206. Travellertreff, sehr einfach, aber ausreichend, auch Dreierzimmer, hier gibts auch die neuesten Belize-Tips. Neuerdings oft Klagen.

Empfehlenswertes Hotel beim neuen Busbahnhof: Principe*, Av. Heroes, nähe Mercado Nuevo, von hier sind es ca. 10 min zu Fuß zum Mercado, wo der Belize-Bus abfährt.

▪ Verbindungen: *Flugzeug*: Tägl. Acapulco, Mérida, Mexiko-City (prakt. alle via Mérida, deshalb etwas teurer).

Regionalgesellschaften: Mit Aerocozumel nach Cozumel, Res. Tel: (983)-22871.

Bus: Neuer Bahnhof außerhalb des Zentrums, preiswerte Taxis ins Zentrum. Playa del Carmen - Cancún - Puerto Juárez ca. 10 x tägl., 1. und 2. Kl. Mérida. Villahermosa, Mexiko-City, alles 1. Kl.

Für Reisende nach Palenque: Der 1. Kl. Bus (ab 9 Uhr) nach Villahermosa hält nicht an der Abzw. nach Palenque. Alternative: im 1. Kl. Bus bereits in Emilio Zapata aussteigen, dann auf 2 Kl. Bus (um 20 Uhr) nach Palenque warten, keine Platzreservierung, kann voll sein. Alternative: Taxis.

Reisende nach Belize:

Mehrmals tägl. bis zur Grenze (erster Bus schon gegen 4 oder 5 Uhr). Direkt nach Belice-City mit Batty-Bus, ca. 4 h bis Belize City, mehrm. tägl. ab neuem Busterminal, (Strecke über Corozal bis Belize-City durchgehend befestigt, aber dann ab San Ignacio/Cayo nur schlechte Schotterpiste). Durchweg nur 2.Kl.Busse, die sehr häufig halten und natürlich nicht immer pünktlich abfahren. Es sind derzeit noch ausrangierte US-Schulbusse im Einsatz, mit Holzbänken für die bis zu 4 Tickets (pro Bank) verkauft werden. Erwarten Sie also etwas Körperkontakt. Nahes Hotel beim Busbahnhof Chetumal, vgl. oben.

▪ Wer den allerfrühesten Bus durch Belize nimmt, der normalerweise gegen 4 oder 5 Uhr früh in Chetumal abgeht, kommt an einem Tag durch Belize und erreicht gegen abend Flores. Dann darf es aber an der Grenze keinen längeren Aufenthalt geben. Grenze nach Guatemala bei *Benque Viejo* schließt gegen 18 Uhr, der letzte sichere Bus ab Grenzort Guatemala *Melchior de Mencos* fährt gegen 16.30 Uhr, danach nur noch Sammeltaxi, bzw. Taxi. Geldwechsel an der Grenze mögl. (Bank aber oft nur bis 14.30 offen, danach aber fliegende Händler. etc.).

▪ Das erforderliche Belize-Visum (sowohl Transit, als auch für 14-Tage für 10 US $) ist derzeit (1989/90) praktisch immer noch direkt an der Grenze zu bekommen. Das etwas zeitaufwendige und umständliche Einholen des Visas bei der Botschaft in Mexiko-City, bzw. beim brit. Konsulat in Merida, oder in Chetumal, kann man sich also sparen.

▪ Übernachtung in Belize-City: Seaside Guest House*-**, 3. Prince Street, Tel: 7-8339. Einfach, aber sicher und sauber. Meerblick, Essen im Haus möglich. Besitzer sprechen engl./deutsch. Infos dort. Essen: Macy's cafe, 18. Bishop Strett, Tel: 7-3419, der Platzhirsch, sehr populär, für Belize-Verhältnisse sehr gutes Essen. Eine Institution.

Umgebung Chetumal

C a l d e r i t a , Strandvorort ca. 6 km nördl. Chetumal. Bademöglichkeit, einfache, romantisch gelegene Fischrestaurants am Meer. Busverbindung ab Chetumal Zentrum tagsüber alle 30 min.

Die stille Alternative

Laguna de Bacalar

Zunächst einmal bietet sich aber die herrliche Bademöglichkeiten im grünblauen Wasser der Süßwasserlagune *Laguna de Bacalar* an. Microbusverbindung mit Chetumal. Die gesamte, nahezu 50 km lange Lagune verläuft parallel zur Mex-307, Zufahrt also auch schon nördl. Chetumal möglich. Entlang der Lagune führt eine zweispurige, mit tropischen Bäumen bestandene Küstenstraße, die *costiera*.

(Da und dort kleine Restaurants, ein Hotel bei der Badesiedlung Xul Ha, hier die besten Wassersportmöglichkeiten), Zufahrt und sehr gute Unterkunft auch beim Dorf Bacalar, ca. 20 km westl. Chetumal, vgl. auch unter Palenque Verbindungen.

■ Vor Ort in Bacalar (ca. 35 km nordwestl. Chetumal) das Hotel de la Laguna*-**, (Schilder an der Abzweigung der Costiera von der Hauptstraße) schöne Anlage, ideal zum Relaxen und Baden, eigener Strand an der Lagune. Garten mit Pool. Gute Küche, für das Gebotene relativ preiswert. Das Hotel liegt zwischen den Ferienvillen des mexikanischen Geldadels. Wirklich eine Alternative zum Aufenthalt in Chetumal, besonders natürlich für Mietwagenfahrer, die dann von hier aus auch alle archäologischen Zonen in der Umgebung besuchen könnten, und am Abend in der warmen Lagune dümpeln mögen.

Nahe bei dem Hotel, bei einem Restaurant, das an der Zufahrt liegt (Namen könnte jemand schreiben) die Cenote Azul.

Ausflüge auf der Mex-186

Lohnend besonders zu den weniger bekannten Zonen von *Kohunlich, Xpujil, Becau* und *Chicama*: Alle diese Stätten werden viel weniger besucht als die bekannten sights wie z.B. Uxmal, Chichen und Tulum. Wer also in Ruhe archäologische Stätten besuchen möchte, dazu noch herrliche Regenwaldvegetation, sollte auf der gut ausgebauten Straße Mex-186, quer durch die Halbinsel Yukatan gondeln. Das ist besonders für Leihwagenfahrer ein Vergnügen, endloses Land, weite Savannen, kaum Verkehr.

■ Die Provinzstadt *Francisco Escarcega* ist dann wieder der erste Zivilisationspunkt nach langer Fahrt durch einsame Wildnis.

Unterkommen: im Hotel Maria Isabel*-**, gutes Restaurant. Oder: Hotel Escarcera*, neuere Anlage mit mäßigem Management, aber für eine Nacht annehmbar.

Leserwarnung: "Vorsicht beim Tanken in Francisco Escarcega bei der Pemex-Station am Ortseingang, von Palenque kommend. Keine Tankanzeige und jedesmal (seit Jahren) überhöhter Preis!"

Weiter Richtung Francisco Escarcega

Zuerst die archäologischen Z o n e n : Zunächst wird die Maya-Zone von Kohunlich, ca. 55 km westl. von Chetumal erreicht, in dichtem tropischem Wald gelegen. Zufahrt von der Mex-186 auf geteerter Straße nach Süden. Am imposantesten die Stufenpyramide auf einem Hügel.

Weiter westl. Xpujil in weniger üppiger Vegetation, aber sehr lohnend, riesige Stätte, neu restauriert, nur ein paar Kilometer weiter Chicama.

Literatur

Unter den vielen, vielen Mexiko-Titeln, eine subjektive Auswahl, darunter auch solche Titel, die nicht in jeder Buchhandlung stehen:

Hintergrundlektüre

Jörg Hafkemeyer, Mexiko- zwischen Maya und Moderne. Westermann, Braunschweig. 1988. Eine noch recht aktuelle und entstaubte Landeskunde mit vielen - gut lesbaren - Basisinformationen. Unbedingt als Hintergrundlektüre empfehlenswert.

Gierloff Emden. Mexiko, Eine Landeskunde. De Gruyter 1970. Die klassische Datenbank. Für Freunde der streng, kargen aber allumfassenden Landeskunde. Nur noch in Bibliotheken.

Geo Special Mexiko. 4/1986. Ein bunter Bilderbogen im typischen Geo-Stil, also oszillierend zwischen brillanter Reportage und plattem Spesenjournalismus. Der praktische Anhang ist nicht mehr aktuell und war ohnehin nur nachvollziehbar, wenn man Gruner & Jahr-Gehälter bezieht.

Herbert Wilhelmy, Welt und Umwelt der Maya - Aufstieg und Untergang einer Hochkultur. Piper Verlag München. 1981. (Nur noch im mod. Antiquariat oder Bibliotheken). Endlich ein Buch das indianische Kultur nicht als buntes, pitoreskes Kasperletheater beschreibt, sonder bei ihren Entstehungsbedingungen ansetzt. Schöne Fotos, ein Standardwerk.

Hans-Jürgen Heise, *Vom Quezalcoatl zum Pepsicoatl.* In der Monatszeitschrift Merkur 7/80 (nur noch in Bibliotheken). Obwohl mittlerweile 10 Jahre alt, nach wie vor ein Schlüsseltext, wohl nirgends gewinnt man auf 14 Seiten mehr Einsicht in die vertrackte Situation Mexikos an der Schnittstelle zwischen antiquierter Mystik und krudem Kapitalismus. Im gleichen Heft, gleich im Anschluß daran ein Essay von Dietmar Merten: *Streit um Uncle Sams Erbe*. Revolution vor der amerikanischen Haustür. Der Text von 1980 ist in vielen Punkten bereits Realität geworden, hat aber nicht von seiner analytischen Kraft verloren.

Nach wie vor unersetzlich: Egon Erwin Kisch, *Entdeckungen in Mexiko*. Als TB bei Knaur 1088. Tiefe Einsichten in die Strukturen des Landes, vom Altmeister der Reportage, glänzend formuliert. Ein Kunstwerk.

Feuerlinie heißt ein Gedichtband von Gioconda Belli, (Peter Hammer Verlag, Wuppertal). Die Autorin kämpfte gegen die Somoza-Diktatur, floh nach Costa Rica und arbeitete dann an führender Stelle in der Sandinistischen Bewegung. Ihre packenden Verse verbinden Eros und Revolution. Ideal für den stillen Nachmittag unter Palmen.

Ergänzende Reiseführer

DuMont Richtig Reisen Mexiko. In der jeweils aktuellsten Auflage zwar kein Ausbund an konkreter und anschaulicher Reisehilfe. Wegen der guten Hintergrundinformationen und der vielen praktischen Daten aber unbedingt brauchbar. Bedingt durch die relativ langen Produktionszeiten natürlich nicht topaktuell.

Ähnliches gilt für den Klassiker *South American Handbook*, die Bibel der Rucksackinternationale wird regelmäßig unterschiedlich gründlich aktualisiert, ca. 1500 Seiten Dünndruck, davon ca. 200 S. Mexiko. Aktuelle Angaben grundsätzlich nachprüfen, praktische Tips sind wegen der weiten Verbreitung des Buches natürlich keine lauschigen Plätze mehr.

Mexiko, Baedeker Neuauflage von 1989 (im flexiblen Einband, mit einer Karte). Ja, ja ich weiß - die Oberlehrerführer aus dem Hause mit dem großen Namen habe auch ich schon des öfteren verwünscht. Auch der Mexiko Band vermeidet gekonnt die Auseinandersetzungen mit den Niederungen des Reisealltags. Wegen seiner umfassenden und dennoch knappen Darstellung der klassischen Reiseziele, archäologischen Zonen und lohnenden Routen dennoch eine gute Ergänzung zu diesem Buch. Die dazugehörende Karte 1: 3.000 000 ist als Übersichtkarte genausogut wie die Karten von Hallwag oder Hildebrandt.

Mexiko u. Guatemala. Aus der Reihe die Blauen Führer (Lizenz der franz. Guides Bleu). Extrem detaillierter Führer nur für archäologisch Interessierte. Schier jeder freigelegte Stein wird gelistet.

Karten

Auf die gute Straßenkarte von Mexiko warten wir noch immer. Die hier im Handel erhältlichen Standardkarten 1 : 3.000 000 zeigen - da das Kartenbild von den USA über Mexiko bis Mittelamerika reicht - zuwenig Details. Sie sind also nur zur Orientierung zu gebrauchen (U.a. von Mair, Hallwag, Hildebrand). Geograhische Buchhandlungen führen vereinzelt auch Detailkarten.

■ Der ADAC versendet für seine Mitglieder ein Tourenpaket mit Übersichtskarten von Mexiko und Guatemala. Dazu aktuelle Infos für Autofahrer. Eine gute Karte gibt auch der amerikan. Autoclub AAA (triple-A) heraus. Sie genügt für Mietwagentouren, wenn man auf den Hauptstraßen bleibt. In allen US-Geschäftsstellen, des Clubs.

Ansonsten muß man sich vor Ort umsehen, es gibt da und dort in großen Tankstellen gute Regionalkarten. Z.B. die Karten der Reihe *Guia Mexico Roja*. Viele Karten aus der *Patria* Serie sind mittlerweile veraltet. Die größte Auswahl findet man in Mexiko City in den Buchläden um den Alameda Park und um den Zocalo, oft auch in den Hotelboutiquen der internat. oder großen Hotels.

Ortsverzeichnis

Acapulco 116ff.
Acumal 206
Agua Azul 140f.
Angahuan 100

Barra de Navidad 102
Becau 215
Bonampak 159

Calderita 214
Caleta de Campos 101
Campeche 166f.
Cancún 189f., 199
Cañon del Sumidero 147f.
Celestún 176
Cenotes (Höhlen) 180f.
Chacahua 123f.
Chelem 176
Chetumal 144, 198, 212f
Chicama 215
Chichén Itza 177, 182, 184f
Clalixtlahuaca 91
Coba 209f.
Cholula 92
Comitán 157, 162
Cozumel 189, 204ff.
Cuilapan 112
Córdoba 135

Felipe Carillo Puerto 211f.
Francisco Escarcega 215f.

Gueletao 112
Guernavaca 115

Homun 182

Isla Holbox 197
Isla Mujeres 190ff.
Ixtacchihuatl 93
Izamal 184

Janitzio (Insel) 100

Kabáh 178
Kohunlich 215

Labná 178f.
Laguna de Bacalar 214
Lagunas de Montbello 157f.
Lagune Xel-há 206

Malinalco 91
Maruata 101
Mexico-City 69ff.
Michoacán 99
Mitla 113f.
Monte Alban 113
Morelia 99
Mérida 168ff.

Oaxaca 103ff.
Oxkutzcab 181

Pachachuca 90
Palenque 130, 132, 135ff.
Palenque, Ruinen 140
Paracho 100
Pátzcuaro 99

Playa Chemuyil 204
Playa del Carmen 190, 202ff.
Pochutla 124
Popocatépetl 93f.
Progresso 176
Puebla 92
Puerto Angel 119f., 125f.
Puerto Escondido 119f., 122f.
Puerto Juárez 198f.
Puerto Morelos 200
Punta Allen 208
Punta Bete 200f.

Rio Lagartos 197

Salina Cruz 127
San Cristóbal de las Casas 145ff., 148ff. 162 f.
San Juan Chamula 153f.
Santa Cecilia 90
Sayil 178f.
Sisal 176

Tapachula 162
Taxco 115
Tehuantepec 127
Tekax 181
Tenajapa 155
Tenajuca 90
Tenosique 160
Teotihuacán 89f.
Teotitlan 112, 114
Ticul 179ff.
Tlacolula 113f.
Toluca 91
Tula 90
Tulum 198, 207f.
Tuxtla Gutiérrez 145f.

Uruapan 100
Uxmal 177f.

Veracruz 134
Villahermosa 128ff.

Xlapak 178f.
Xochimilco 91
Xpujil 215

Yagul 113

Weitere Oase - Reiseführer

mit den guten Adressen zum Schlafen und Träumen, zum Einkehren und Ausgehen. Dazu zahlreiche Anstiftungen zu feinen Fluchten, weiten Touren und stillen Wanderungen:

TOSKANA
CINQUE TERRE und die Ligurische Küste
UMBRIEN
LIPARISCHE INSELN
SÜDFRANKREICH
ROUSSILLON und die frz. Pyrenäen
KORSIKA
TÜRKEI
SPANIEN
PORTUGAL und AZOREN
KYKLADEN u. CHIOS, SAMOS, LESBOS
RHODOS und DODEKANES
KRETA
NEUSEELAND
ISLAND
MEXIKO
GUATEMALA & BELIZE

In Vorbereitung:
BEAUJOLAIS
PROVENCE
SIZILIEN

Landschaftsräume und Reiseregionen in diesem Buch:

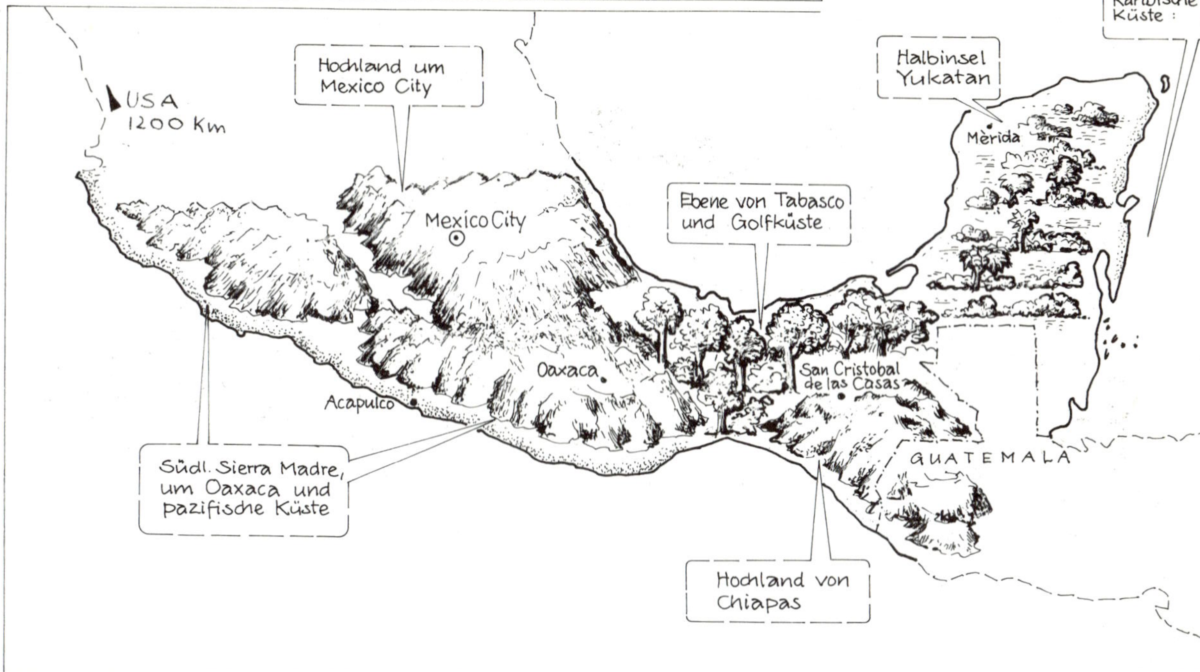